Norbert Ehrlich

Wir
vom
Jahrgang
1953

Kindheit und Jugend

Impressum

Bildnachweis:

Umschlagvorderseite: Thomas Ehrlich: unten; Norbert Ehrlich: oben.
Umschlagrückseite: Barbara Schulz

Thomas Ehrlich: S. 5, 8, 9, 13, 14, 25 re, 42, 49, 51 li; Norbert Ehrlich: S. 6, 15, 16 u., 26, 28, 30, 29, 38 u, 46 u, 53, 55, 62 o; Martina Güldemann: S. 10, 16 o., 18, 21, 22, 24, 25 li, 31, 32 o, 33, 40, 41, 45o, 47, 50, 56; ullstein bild: S. 12 re, 12 li, 43, 48; Barbara Schulz: S. 32 u, 35, 45 u, 51 re, 57, 58, 62 u, 63; picture alliance/ZB: S. 34; ullstein bild-Imagno: S. 36; ullstein bild-Klaus Winkler: S. 37 o; ullstein bild-Abraham Pisarek: S. 37 u; ullstein-bild-ADN-Bildarchiv: S. 38 o, 44; Matthias Pasch: S. 59; Ullstein-Imagno: S. 40; Barbara Schmidt: S. 46 o, 54; Volker Petruschke: S. 60 o; ullstein bild-Eupra: S. 60 u; ullstein bild-Klaus Rose: S. 61 wikicommons: Bundesarchiv Bild 146-2003-0031: S. 7; Toffel: S. 17; Dentina54: S. 20; HagenU: S. 11li; Edmond Frederik: S. 11re

Wir danken allen Lizenzträgern für die freundliche Abdruckgenehmigung.
In Fällen, in denen es nicht gelang, Rechtsinhaber an Abbildungen zu ermitteln, bleiben Honoraransprüche gewahrt.

10. Auflage 2023
Alle Rechte vorbehalten, auch die des auszugsweisen Nachdrucks und der fotomechanischen Wiedergabe.
Gestaltung und Satz: r2 | Ravenstein, Verden
Druck: Druck- und Verlagshaus Thiele & Schwarz GmbH, Kassel
Buchbinderische Verarbeitung: Buchbinderei S. R. Büge, Celle
© Wartberg-Verlag GmbH
34281 Gudensberg-Gleichen • Im Wiesental 1
Telefon: 056 03/9 30 50 • www.wartberg-verlag.de
ISBN: 978-3-8313-3153-6

Vorwort
Liebe 53er!

Wir sind nun in dem Alter, in dem man sich im Ohrensessel zurücklehnt, die Enkel um sich versammelt, dreimal tief seufzt und mit leicht belegter Stimme sagt: So, ihr Lieben, jetzt will ich euch mal aus meiner Kindheit erzählen. Wir sind aber auch in einem Alter, in dem noch so unglaublich viel Neues auf uns einstürzt: die digitale Welt beherrschen, Fremdsprachen lernen, die Welt bereisen. Ich glaube, wir alle hatten uns unser jetziges Leben einmal ganz anders vorgestellt. Dann kam die historische Wende in Deutschland, die für jeden von uns zur Wende führte. Wenn wir die Chance bekamen, krempelten wir die Ärmel hoch und packten etwas Neues an. Wir brachten uns ein in dieses neue, in unser neues Deutschland. Wir hatten unsere Ausbildung, unsere Erfahrung und unsere Erziehung. Und genau davon will dieses Buch erzählen, von unseren erlebnisreichen ersten 18 Jahren.

Natürlich haben wir 53er alle eine ganz persönliche Entwicklung genommen, aber unterm Strich gibt es eine Menge Parallelen zwischen uns. Das ist uns bei der Vorbereitung zu diesem Buch, bei den zahlreichen Gesprächen mit Altersgenossen sehr deutlich geworden. Je tiefer wir in unsere Kindheit und Jugend eintauchten, umso intensiver wurden auch die gemeinsamen Erlebnisse. Und daran sollen Sie jetzt teilhaben, denn wer nimmt sich in dieser hektischen Zeit schon die Muse, seine Kindheitserlebnisse so intensiv Revue passieren zu lassen? Aber diese ersten Jahre sind es ja, die uns und unsere Entwicklung geprägt haben. Die Zeit in der Familie, die Zeit im Kindergarten und in der Schule, die Zeit als Pioniere und FDJler, die Zeit als streitbare Pubertierende und als erstmals Verliebte – mit einem Wort, die Zeit, bis wir erwachsen wurden. Also kommen Sie mit und erleben Sie mit uns gemeinsam unsere ersten Jahre noch einmal ganz intensiv – für Spaß, aber auch Besinnlichkeit ist gesorgt.

Norbert Ehrlich & Martina Güldemann

1953-1955

Hallo Welt,
wir sind da!

Angekommen!

Das Jahr 1953 war voller wichtiger Ereignisse, aber nichts war für unsere Eltern so wichtig wie unsere seit neun Monaten freudig erwartete Ankunft. Da kam weder Stalins Tod am 5. März mit, noch die Krönung Königin Elisabeth II. am 2. Juni, noch der Volksaufstand im eigenen Land am 17. Juni. Wir vereinigten alles in uns: Wir waren der unumstrittene Despot der Familie, gleichzeitig aber auch der neue Prinz bzw. die neue Prinzessin, und der Aufstand, den wir 53er teilweise fabrizierten, na, der war ebenfalls nicht ohne. Aber das war egal, wir waren in so mancher Familie der erste richtige Sonnenstrahl nach vielen Jahren der Entbehrung und des Schmerzes. Manche unserer Väter waren erst kurze Zeit vorher aus der Kriegsgefangenschaft gekommen, manche Mütter durch nicht gerade üppige und

Chronik

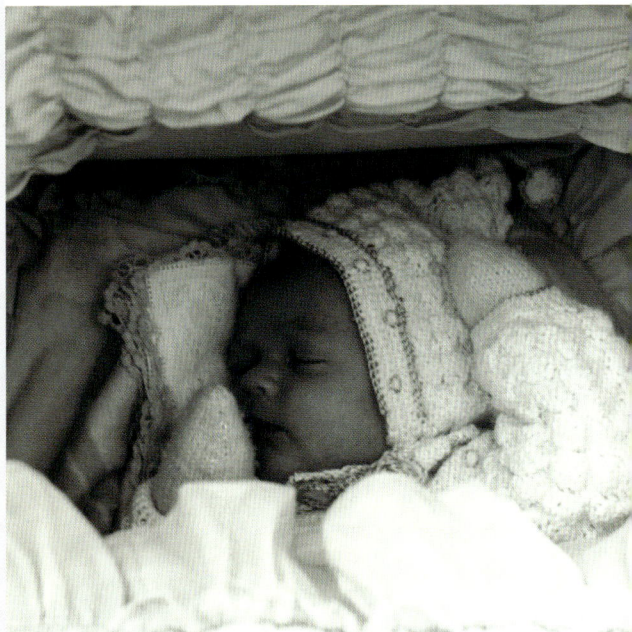

Auch ein Junge verträgt schon ein paar Rüschen.

ausgewogene Mahlzeiten ziemlich ausgezehrt. Und trotzdem, oder vielleicht gerade deshalb, wurde alles und noch viel mehr für uns getan.

Fast nichts war neu

Die Ausfahrgarnitur, mit der wir aus dem Krankenhaus abgeholt wurden, hatte Tante Gerda auf dem Boden, den Stubenwagen Nachbar Müller im Keller. Alles wurde natürlich vorher mit viel Liebe und Einfallsreichtum wiederhergestellt – und mal ehrlich, uns war es

1. bis 3. Lebensjahr

letztendlich völlig egal, ob schon mal jemand die Sachen angehabt oder in unser Bettchen gepullert hatte. Hauptsache, wir schoben nie Hunger oder Durst, uns war nicht zu warm oder zu kalt, wir besaßen einen sauberen Po und um uns war ständig jemand herum, der uns ganz doll lieb hatte.

Und da gab es zum Glück viele: Mama und Papa natürlich, Oma und Opa (wenn wir Glück hatten sogar im Doppelpack), eventuell Geschwister, eine Reihe Tanten, aber leider nicht so viele Onkel. Und alle hatten jede Menge gut gemeinter Ratschläge für unsere richtige Erziehung auf Lager. Nein, es war nicht immer leicht für unsere Mütter, es allen recht zu machen, obgleich sie die straffe Regelung unseres Tagesablaufes sehr bald verinnerlicht hatten. Die Brust oder die Flasche bekamen wir alle vier Stunden – wo käme man denn sonst hin. Selbst unsere Hauptbeschäftigung, das Schlafen, blieb nicht uns selbst überlassen. Eine Stunde auf der rechten Seite, eine Stunde auf der linken Seite. Das macht einen schönen Hinterkopf! Aber ja aufpassen, dass die Öhrchen beim Schlafen hübsch anliegen.

„Feine Fleisch- und Wurstwaren" sowie „Prima Aufschnitte und Russischen Salat" gab es nach der feierlichen Taufe.

Aufstand in 272 Städten

Aufstand der Bauarbeiter in der DDR, 1953.

750.000 Hektar Ackerland lagen brach, weil viele Bauern wegen der Zwangskollektivierung die DDR verließen. Daraus folgte, dass es nur unzureichend Nahrungsmittel gab oder in der HO zu völlig überzogenen Preisen. Die Schwerindustrie besaß die absolute Priorität und Konsumgüter fehlten an allen Ecken und Enden. In der Bevölkerung rumorte es und am 13. Mai 1953 wurde in Eisleben gestreikt. Nur 15 Tage später erging der Beschluss, dass bei gleichem Lohn zehn Prozent mehr Leistung auf dem Bau und in der Industrie zu erbringen seien. Es rumorte weiter und auch das Eingeständnis der SED-Funktionäre, dass Fehler gemacht wurden, beruhigte die Volksseele nicht.

Am 16. Juni brach eine Streikwelle los, die anfangs nur wirtschaftlich ausgerichtet war („HO macht uns k.o.!"), aber am 17. Juni eine deutlich politische Dimension annahm („Der Spitzbart muß weg"). Die Bauarbeiter in der Berliner Stalin Allee waren die ersten, innerhalb kürzester Zeit waren es rund 400.000 Demonstranten in 272 Städten. Ulbricht und Grotewohl flohen in das Hauptquartier der sowjetischen Truppenteile nach Karlshorst, von wo aus um 13 Uhr das Kriegsrecht ausgerufen wurde. Panzer der UdSSR fuhren durch die Straßen. Am Ende des Volksaufstandes waren 50 Todesopfer zu beklagen und noch mal 20 Protestierende, die sofort standrechtlich erschossen wurden. Aber auch 40 sowjetische Soldaten wurden hingerichtet, weil sie sich weigerten, auf deutsche Arbeiter zu schießen.

Papa hält sich raus

Mama war natürlich stets unsere Anlaufstelle Nr. 1. Oft war die zweite Bezugsperson die Oma, denn die beiden waren ja fast immer da. Mit Papa sah das damals schon anders aus. Erstens ging er arbeiten und zweitens war so ein Wurm doch mehr Frauensache. Natürlich war man stolz wie ein Spanier auf seinen Nachwuchs, aber man konnte und wollte es eben nicht so zeigen. Den Kinderwagen fahren, nein, danke. Möhrenbrei in den kleinen Mund stopfen

1. bis 3. Lebensjahr

– die Spritzer gehen ja so schwer wieder aus dem weißen Hemd raus. Und den verdauten Möhrenbrei dann eventuell von unserem Po zu entfernen – unvorstellbar. Frisch gewickelt und gut duftend, so waren wir Papas Liebling.

Wir verändern unsere Umgebung

Aber einige Veränderungen musste Papa doch über sich ergehen lassen. Zum einen stand im Schlafzimmer noch ein Bettchen mehr, dessen Bewohner vor allem nachts ganz schön störend war. Der Esstisch wurde kurzerhand zur Wickelkommode umfunktioniert und musste als Untersatz für die Zinkwanne, in der wir gebadet wurden – nicht etwa täglich! – herhalten. Das mit dem Wohnzimmer hatte einen einfachen Grund: Oft war es der einzige Raum, der einen Ofen besaß, und ein Bad hatte damals kaum einer von uns.

Wir veränderten das Familienleben in vielerlei Weise. Alles richtete sich jetzt nach uns! Ein erhebendes Gefühl. Wir lernten schnell, bei wem wir mit unserem Schreien und Rumnörgeln was erreichen konnten und bei wem nicht. Trotzig, jammervoll, hungrig, müde, gelangweilt – nur unsere Mutter konnte unser Schreien fast hundertprozentig deuten. Sie wusste genau, wann wir die Windeln voll hatten oder nur die Nase, wann uns ein Bäuerchen quälte oder wir den Nuckel verloren hatten.

Das Leben macht so viel Spaß ...

Es gibt so viel zu entdecken

Schnell gingen die ersten Wochen und
Monate vorbei und jeder Tag brachte
etwas Neues. Waren es einmal unbekannte
Gesichter – alle Tanten und Onkel, Freunde
und Nachbarn wollten natürlich den neuen
Erdenbürger sehen, bewundern und
hochleben lassen –, waren es zum anderen
Veränderungen an uns selbst, die uns
immer neue Möglichkeiten boten. Wir
konnten sitzen und sahen natürlich entsprechend mehr. Wir konnten krabbeln und
erkundeten natürlich entsprechend mehr. Wir bekamen Zähne, wir fingen an zu
brabbeln – kurz und gut, wir entwickelten uns, wie sich ein Mensch zu entwi-
ckeln hat. Aber das stellte unsere Umwelt nun vor neue Probleme. Wohin mit
diesem kleinen, süßen Monster? Es wurde nicht lange gefackelt, ein Stall
musste her, verharmlosend von den Erwachsenen „Ställchen" genannt. Ein bis
zwei Decken hinein, Hase oder Teddy dazu, vielleicht ein Beißring, damit wir
unsere werdenden Zähnchen nicht an den Holzstäben schärfen mussten.

Einzelhaft ist angesagt

Und wenn wir auch noch so brüllten, es gab kein Entrinnen für uns. Also
arrangierten wir uns und funktionierten diesen Käfig einfach zum Spiel- und
Schlafmittelpunkt unseres Lebens um. Wer von uns besonders clever war, warf
einfach ab und zu mal etwas aus dem Gefängnis heraus und machte anschließend lautstark darauf aufmerksam. Irgendeiner kam immer angesaust und wir

hatten wieder ein bisschen Abwechslung. Im Nachhinein kann man diese Zwangsmaßnahme verstehen, denn wie sollte unsere mit Hausarbeit wahrlich reich gesegnete Mutter ständig ein Auge auf uns haben? Die Kachelöfen waren nun mal ziemlich heiß, die Tischkanten ziemlich spitz, die Vasen nicht standfest, die Küchenschränke nicht verschließbar und die Steckdosen ohne Sicherungen.

Dabei machte es aber gerade Spaß, mal richtig hinein ins volle Menschenleben zu greifen. Sprich: die Töpfe aus dem Schrank zu angeln und zu probieren, ob man über ein ordentliches Drummer-Talent verfügt. Oder die zehnbändige Goethe-Ausgabe, die gute, in Leder gebundene, sich vorzunehmen, um ein bisschen im Faust zu schmökern. Die Erwachsenen verstanden da einfach keinen Spaß. Selbst wenn Besuch kam dasselbe Theater. Erst mussten wir rosig und wonnig auf jedem Arm Platz nehmen. Dann mussten wir Vergleiche von Kinn, Nase und Augen über uns ergehen lassen, die dicht an Beleidigung grenzten und gegen die wir uns leider nicht wehren konnten. Als es aber spannend wurde, Kaffeetassen und Kuchengabeln auf der blütenweißen Decke regelrecht darauf warteten, von uns in Besitz genommen zu werden, dann, ja, dann hieß es wieder: Ab in den Stall!

Besuch am „Gefängnis".

Die Sängerin Ulla Meinecke.

Der früh verstorbene Schauspieler Ulrich Mühe.

Prominente 53er

6. Jan.	**Manfred Kaltz**, *Fußballer*	29. Juli	**Teresa Orlowski**, *Pornodarstellerin*
7. Jan.	**Dieter Hoeneß**, *Fußballer*		
26. Jan.	**Reinhard Bütikofer**, *Politiker*	2. Aug.	**Peter-Michael Kolbe**, *Ruderer*
19. Feb.	**Barbara Schnitzler**, *Schauspielerin*	8. Aug.	**Rolf Beilschmidt**, *Hochspringer*
16. März	**Rainer Knaak**, *Schachspieler*	14. Aug.	**Ulla Meinecke**, *Sängerin*
19. März	**Hans Rinn**, *Rennrodler*	1. Okt.	**Klaus Wowereit**, *Politiker*
24. März	**Mathias Richling**, *Kabarettist*	24. Okt.	**Christoph Daum**, *Trainer*
26. März	**René Weller**, *Boxer*	7. Nov.	**Ottfried Fischer**, *Schauspieler*
10. April	**Heiner Lauterbach**, *Schauspieler*	16. Nov.	**Brigitte Zypries**, *Politikerin*
		28. Nov.	**Ewald Lienen**, *Fußballer*
20. Juni	**Ulrich Mühe**, *Schauspieler*	29. Dez.	**Thomas Bach**, *Fechter*
21. Juli	**Thomas Emmerich**, *Tennisspieler*	29. Dez.	**Matthias Platzeck**, *Politiker*

1. bis 3. Lebensjahr

Das Endspiel in Bern zwischen der deutschen und der ungarischen Mannschaft sahen 65 000 Zuschauer.

Sommermärchen

Unser erster und zweiter Sommer waren für uns märchenhaft schön, aber von dem „Sommermärchen 1954" bekamen wir nicht viel mit: Deutschland wurde am 4. Juli 1954 in Bern Fußballweltmeister. Bestimmt hatten unsere Väter in diesen Wochen wenig Zeit für uns, aber sie hatten auf jeden Fall stets gute Laune.

Legendär: Sepp Herberger nach dem WM-Sieg in Bern.

Mutti hat es auch nicht leicht

Nun wollen wir mal nicht ungerecht sein. Mutti hatte sich diese seltenen Momente der Ruhe redlich verdient. In einem Zeitalter ohne Waschmaschine und Mikrowelle, ohne Tiefkühlschrank und Fernwärme, ohne Umluftherd und Wäschetrockner war die Bewältigung der täglichen Pflichten weiß Gott nicht ohne. Das Essen musste jeden Tag gekocht und die Zutaten dafür frisch besorgt werden. Entweder ging man in das Gemüsegeschäft seines Vertrauens oder in den eigenen Garten. Gegessen wurde, was die Saison so anbot. Die Hausfrauen mussten sich schon einiges einfallen lassen, vor allem im Winter. Mal schnell ein Gläschen Eiernudeln mit zartem Rindfleisch und jungem Gemüse oder Zwieback-Bananen-Brei aufmachen, hätte sich so manche Mutter (und wir uns vielleicht auch!?) öfter mal gewünscht.

Möhren und Kartoffeln, das ging immer, natürlich mit einem kleinen Klecks „guter" Butter. Wuchsen Kohlrabi und Blumenkohl in deutschen Landen, waren

Im Garten sein war einfach sehr schön.

diese beiden Gemüsesorten fällig. Aber auch sonst mussten wir nicht hungern – Grießbrei, Milchreis, Nudeln, Puddingsuppe, Eierkuchen, Eintöpfe. So mancher 53er möchte das manchmal heute lieber auf seinem Teller haben statt Filetspitzen „an" grünem Spargel oder Seeteufel „an" Safranreis. Ließen es unsere Kuchenzähne zu, knabberten wir am Apfel. Südfrüchte hatten wir nicht, aber Apfelmus hat uns genauso gut geschmeckt. Kein noch so wurmstichiger Apfel wurde je von unseren Müttern weggeworfen. Schüsseln voller Apfelbrei, natürlich schön süß, wanderten in unseren Magen oder in die Einweckgläser.

Jetzt ist Einweckzeit

Das war in der Stadt nicht anders als auf dem Dorf. Alles, was der Garten oder der Nachbar mit Garten hergab, kam in diese blitzeblank gespülten Gläser, Gummiring und Deckel drauf und die straffe Metallspange oben darüber. Anschließend wurde der große Einwecktopf mit Wasser und Holzklammern

13

bestückt, auf die die Gläser gestellt wurden. Einwecken und Marmelade kochen hat unsere Mütter wohl so einige Jahre ihres Lebens gekostet ...

Apropos gekostet, das haben wir natürlich überall gern und unsere Vorlieben für bestimmtes Essen ganz schnell herausgefunden. Aber es half nichts, es wurde gegessen, was auf den Tisch kam. Gab es Gulasch, Rotkohl und Kartoffeln, bekamen wir es auch, nur eben ein bisschen zermantscht.

Trotzkopf und Co.

Wir wurden satt, wir wurden groß, wir wurden trotzig. Oh, da kam Freude auf, wenn wir das Gesicht verzogen und unsere Stimme fast die Dezibelgrenze eines Düsenjägers erreichte. Oder wenn wir uns hinwarfen und mit den Beinen strampelten, vielleicht beim Einkaufen, wenn auch recht viele Nachbarn zusahen. Heißa, da rutschte schon mal die Hand aus, denn – ihr werdet es bestätigen – unsere Erziehung bestand mehr aus anordnen als aus überzeugen.

So war es auch beim Haareschneiden. Die Kinder brauchten keinen Friseur! Wir Jungs trugen Fasson, kurz Topfschnitt genannt, und mit diesem ausgeführt. Und die Mädchen bekamen eine „Sahnerolle" gelegt. Haarklemmen, diese furchtbar pieksenden Dinger, wurden gern und viel gebraucht, manchmal sogar bei uns Männern, igitt! So hart war das Leben damals für uns. Aber ihr wisst ja: was uns nicht umbringt, macht uns stark. Und stark sind wir geworden, nicht nur körperlich, sondern auch vom Geist her, denn auf uns stürzte ja pausenlos irgendetwas Neues ein. Eine neue Geschichte, von der Oma erzählt, ein neues Märchen, von Papa vorgelesen, ein neues Auto, von Tante Erika geschenkt, neue Schuhe, ein neuer Gemüseladen, neue Freunde und … und ein „neuer" Urlaub.

Der bescheidene Wohlstand zog ein und damit das erste Auto, ein F8.

Hurra, wir fahren mit dem Zug

Viele unserer Eltern konnten sich eigentlich gar keinen Urlaub leisten. Aber wenn doch, dann war es für uns das Größte überhaupt. Manchmal ging es nur ein paar Kilometer aus der Stadt heraus zur Oma aufs Dorf. Na und, Hauptsache Zug fahren, mit diesem gefährlich schnaufenden und dampfenden riesigen schwarzen Etwas. Wie herrlich, wenn der Wagen anruckte, die Räder mit einer gleichförmigen Melodie über die Schienen ratterten und die Welt draußen an uns vorbeisauste. Wir hätten den Zug gar zu gerne mal etwas genauer

unter die Lupe genommen, aber nein, wir mussten artig in unserem Abteil
sitzen bleiben. Himmlisch war es natürlich, wenn es ganz weit weg ging. Nach
Thüringen zum Beispiel oder in den Harz oder gar an die Ostsee. Natürlich
ohne Vier-Sterne-Komfort, aber die Sterne am Himmel reichten uns völlig aus.

   Wer von uns nun aber nicht in den Urlaub fahren konnte, hatte deshalb
keine schwere Kindheit. In der Stadt gab es Badeanstalten und Schwimm-
bäder, man konnte in der näheren Umgebung radeln oder wandern und im
Winter Ski fahren oder rodeln. Auf dem Land war es ähnlich, nur die Badeanstalten wurden durch Dorfteiche und Seen ersetzt. Allerdings war das
Vergnügen zumindest für unsere Eltern höchstens auf ein paar Stunden
begrenzt, denn Landwirtschaft und Viehzucht ließen eigentlich zu keiner

Die erste Eisenbahn!
Begeisterung pur.

Jahreszeit einen Urlaub zu. Wir Kinder dagegen tobten den ganzen Tag draußen rum, wurden von unseren größeren Geschwistern beaufsichtigt, kommandiert, aber auch herzlich geliebt. Bis zu unserem dritten Geburtstag genossen wir dieses freie Leben, ohne zu ahnen, dass bald Verantwortung und tägliche Aufgaben auf uns zukamen.

Der Fernseher Rembrandt mit Wasserlupe.

Etwas Luxus

Auf Lebensmittelkarten gab es nur das Notwendigste. Wollte man mal etwas Besonderes und konnte man es sich vor allem leisten, ging man in die HO. Schokolade, Bockwürste, Konserven, echten Bohnenkaffee und viel mehr leckere Sachen bekam man dort zu Wucherpreisen. 1948 wurde das volkseigene Handelsunternehmen als Gegenstück zu den genossenschaftlichen Konsumläden gegründet. Bis zur Abschaffung der Lebensmittelkarten am 28. Mai 1958 passte man die Preise nach und nach an.

Luxus war es aber auch, zu fotografieren und Auto zu fahren. Ab 1953 gab es die qualitativ hochwertige „Praktina" zu kaufen und ab 1955 den ersten Wartburg 311. Der im VEB IFA Automobilfabrik EMW Eisenach gebaute Wagen hatte 37 PS und einen Drei-Zylinder-Zweitakt-motor unter der Haube. Der erste DDR-Fernseher hieß „Rembrandt", kostete fast 1000 Mark und wurde im VEB Rafena Radeberg hergestellt.

1. bis 3. Lebensjahr

1956–1958

Messer, Gabel, Schere ...

Kindergarten – du fremde Welt

Unser dritter Geburtstag war so richtig toll. Wir kapierten zum ersten Mal, dass sich an diesem Tag ja alles um uns drehte. Das fing schon früh an. Wer von der Familie verfügbar war, gruppierte sich zum Wecken um unser Bett. Nach dem ersten Abknuddeln durfte man langsam, aber wirklich nur ganz langsam – die drei Kerzen im Geburtstagskranz und das Lebenslicht mussten ja schließlich erst noch angezündet werden – in die Stube gehen. Dort stand er nun, unser Geburtstagstisch. Ach, es war irgendwie alles so feierlich und jeder

Chronik

2. Januar – 5. Februar 1956
Bei den Olympischen Winterspielen nehmen erstmals Sportler der DDR in einer gesamtdeutschen Mannschaft teil. In Cortina d`Ampezzo holt Harry Glaß (Spezialsprunglauf) die Bronzemedaille.

1. März 1956
Gründungstag der Nationalen Volksarmee.

23. Oktober – 11. November 1956
In Ungarn wird der Volksaufstand niedergeschlagen.

16. November 1956
3,5 Millionen Rentner der DDR erhalten rund ein Drittel mehr Rente.

22. November – 8. Dezember 1956
Wolfgang Behrendt (Boxen) holt während der Olympischen Sommerspiele in Melbourne die erste Goldmedaille für die DDR.

3. Januar 1957
Als „Deutscher Fernsehfunk" startet offiziell das Fernsehprogramm der DDR.

13. Oktober 1957
In einer Blitzaktion werden die seit 1948 gültigen Geldscheine in neue Banknoten umgetauscht.

11. Dezember 1957
Nach dem geänderten Passgesetz gilt jetzt die unerlaubte Ausreise aus der DDR als „Republikflucht" und wird mit Gefängnis bestraft.

1. Januar 1958
Gut 200.000 Menschen verlassen die DDR.

1. Januar 1958
Das staatliche Kindergeld und die finanzielle Geburtenbeihilfe werden eingeführt.

2. Januar 1958
Das „60:40-Gesetz" tritt in Kraft, welches besagt, dass bei Tanzveranstaltungen oder im Rundfunk 60 Prozent Osttitel gespielt werden müssen.

1. September 1958
In den Schulen werden UTP (Unterrichtstag in der Produktion) und ESP (Einführung in die sozialistische Produktion in Industrie und Landwirtschaft) eingeführt.

guckte einen so erwartungsfroh an. Und die Erwartungen erfüllten wir prompt, wenn wir uns voller Begeisterung auf den neuen Ball stürzten oder auf die bunten Holzbausteine oder auf den wuscheligen Teddy.

Es lag da so eine kleine Tasche mit dabei, eine aus Leder oder Lederol mit einem langen Riemen zum Umhängen. Darüber zerbrachen wir uns allerdings an diesem herrlichen Tag mit Lieblingsessen, Kuchen, Besuch und weiteren Geschenken am allerwenigsten den Kopf. Aber das sollte sich bald ändern. Klar hatten wir schon gehört, dass wir in den Kindergarten gehen würden, aber was ist denn eigentlich ein Kindergarten? Wachsen da Kinder? Wir sollten bald erfahren, dass dort Kinder sogar über sich hinauswachsen konnten. Also: Jener besagte Schicksalsmorgen stand nun unmittelbar bevor. Wir bekamen diese kleine Tasche umgehängt, gefüllt mit zwei halben Schnittchen und ein paar Apfelspalten.

Wieder ganz klein

Schließlich trafen wir endlich an jenem Ort ein, der uns die kommenden drei Jahre so manchen kleinen Kummer, vor allem aber viel Spaß und gute Freunde bringen sollte. Aber so weit

waren wir längst noch nicht. Muttis Hand fest umklammert, schauten wir uns alles genau an. Nein, loslassen, das wollten wir nicht. Aber was sagte die fremde Frau da, die eigentlich ganz nett war? Dass ich mit dem schönen blauen Roller fahren darf? Na dann, nichts wie hin und laut geklingelt. Die Tränen, die eigentlich fließen wollten, schnell runtergeschluckt und ab in eine fremde, doch hochinteressante Welt.

Aber längst nicht alle von uns gingen ja in den Kindergarten, viele blieben zu Hause bei Mutti oder Oma oder einem anderen lieben Menschen. Und dort spielten wir mit Nachbarskindern und mit unseren Geschwistern die gleichen Spiele wie im Kindergarten. Wir bemutterten und bevaterten unsere Puppen, Teddys und die anderen Lieblinge. Und wir verarzteten sie mit gewichtiger Miene, so wie wir es beim letzten Kinderarztbesuch gesehen hatten. Wir waren Baumeister, Verkäuferin, Autofahrer, Postangestellte, Indianer, Cowboy oder Lehrerin. Oder wir malten bunte Bilder von der Sonne, von der Wiese, vom Osterhasen oder vom Weihnachtsmann. Aber am liebsten waren wir natürlich alle draußen. Dort gab es bei jedem Wetter und zu jeder Jahreszeit etwas Neues zu entdecken.

Es geht aufwärts

Am 4. Juni 1956 wurden erhebliche Preissenkungen für verschiedene Industriewaren bekannt gegeben. So halbierten sich z. B. die Preise für Rundfunkgeräte, Fahrräder und Kameras.

Bei der Oberbekleidung sah es ähnlich aus, die Preise für Textilien und Schuhe wurden um ein Drittel gesenkt.

Auch bei den Möbeln veränderten sich grundlegende Dinge. Der VEB Deutsche Werkstätten Hellerau präsentierte im Frühjahr 1957 den Typensatz 602, herrliche Einzelmöbel, die unglaubliche Variationsmöglichkeiten für Wohn-, Schlaf-, Kinder- und Arbeitszimmer boten und damit selbst in einer Neubauwohnung ein bisschen Individualität zuließen. Der unverwüstliche „Omega"-Staubsauger, der eigentlich bei allen Familien zu Hause war, kam 1958 auf den Markt, ebenso die universelle Küchenmaschine „Komet".

Kleine Improvisationstalente

Diejenigen von uns, die auf dem Lande lebten, waren mit der Natur ja schon vertraut. Sie ließen Schiffe im Bach schwimmen, bauten Dämme und fingen Frösche. Die Mädchen flochten sich Blumenkränze und fütterten die Hühner. Wir Städter dagegen bevorzugten mehr den Sandkasten, die Schaukel und den Hof zum Spielen. Aber in einem waren wir alle gleich: Wir besaßen ein ausgeprägtes Improvisationstalent. Stöcke, Zweige, Steine, ein ausrangierter Büchsendeckel und ein altes Stück Faden ließen kleine Wunderwelten entstehen, mit denen wir uns stundenlang beschäftigen konnten.

Im Herbst kam die große Zeit unserer Väter, denn gesammelte Eicheln, Kastanien und Bucheckern mussten mithilfe von Streichhölzern und Leim zu zahllosen Männchen, Tieren und Fantasiegestalten verbastelt werden.

Das Stadion der Hunderttausend wurde 1956 in Leipzig eingeweiht.

Zuschauermagnet

100.000 Zuschauer und mehr – so viele Menschen passten in das neue Leipziger Zentralstadion, das während des II. Deutschen Turn- und Sportfestes Anfang August 1956 eingeweiht wurde. Die erste Großbaustelle der Messestadt dauerte 17 Monate. Neben den Bauarbeitern leisteten 180.218 Leipziger 735.992 Aufbaustunden. 170.000 Kubikmeter Erde wurden ausgehoben und 2700 Bohrpfähle in den feuchten Grund getrieben. Direkt vom Stadtzentrum brachte die Trümmerbahn den Schutt zahlloser Gebäude, um die 23 Meter hohe und acht Meter breite Dammkrone aufzuschütten. Von hier hatte man einen herrlichen Blick auf das

4. bis 6. Lebensjahr

Fußballfeld, die Aschenbahn, den 43 Meter hohen Glockenturm mit seiner knapp vier Tonnen schweren Werner-Seelenbinder-Glocke und die 75 Sitzreihen, die insgesamt 50 Kilometer lang waren.

Über Besuchermangel konnte das Stadion von Anfang an nicht klagen: Am 8. September 1956 beim Ortsderby Rotation gegen Lok: 100.000 Zuschauer. Am 25. November 1956 verlor der SC Lok Leipzig gegen Schalke 04 mit 1:3 – 100.000 Zuschauer. Der Rekord allerdings wurde am 6. Oktober 1956 aufgestellt, als der DDR-Meister SC Wismut Karl-Marx-Stadt gegen den Meister der BRD 1. FC Kaiserslautern mit 3:5 den Kürzeren zog – 110.000 Fußballfreunde sahen das „Jahrhunderttor" von Fritz Walter. Übrigens lagen für dieses Spiel unglaubliche 400.000 Kartenbestellungen vor, weshalb sogar 10.000 zusätzliche Stehplätze verkauft wurden.

Aber auch die Leichtathletik wurde schnell im Zentralstadion heimisch. Im September 1956 fand vor 105 000 Zuschauern die Nominierung der deutschen Olympiateilnehmer für die Spiele in Melbourne statt. Christa Stubnick blieb mit 11,6 Sekunden nur zwei Zehntel über dem damaligen Weltrekord.

Die Mobilität ist gewährleistet.

Ski und Rodel gut

Wir liebten den Winter. Froren Seen und Teiche zu, versuchten wir uns als wagemutige Eiskunstläufer. Fiel die weiße Pracht, so schoben wir alles, was einigermaßen nach einem Schlitten aussah, unter den Po und „rasten" mit dem Ruf „Bahne frei, Kartoffelbrei" jeden noch so kleinen Hügel hinunter. Die 53er von uns, die umgeben von Bergen groß wurden, schnallten sich natürlich, kaum dass sie laufen konnten, lange, schmale Bretter unter die Füße und machten damit die Gegend unsicher. Nach so einem herrlichen Wintertag kamen wir müde, aber glücklich, mit hochroten Wangen und klatschnassen Sachen nach Hause.

Ja, Thermohosen gab es leider noch nicht. Wir trugen dicke Trainingshosen, deren Gewicht sich durch den nassen Schnee mindestens vervierfachte. Und darunter, wenn es ganz hart kam, ein Leibchen mit langen Strümpfen. Männer, ihr erinnert euch bestimmt und die Schamesröte steigt euch ins Gesicht … Aber das war nun mal so. Genau wie die ewig kratzenden Pullover. „Hab dich nicht so, das ist reine Schafswolle. Die hält wunderbar warm." Mutters Aussage mochte ja stimmen, aber es kratzte trotzdem. Was wiederum kein Wunder war, denn jedes gestrickte Stück, das nicht mehr passte, wurde aufgetrottelt und zu einem neuen Kleidungsstück verarbeitet. Und das so lange, bis wirklich gar nichts mehr ging. Dazu kam, dass die Begriffe Wollwaschmittel und Weichspüler nicht zu unserem Sprachgebrauch gehörten.

Das Schönste am Winter …

… war natürlich Weihnachten. Wir haben schnell kapiert, dass in dieser so herrlichen Adventszeit ganz seltsam schaurige und herrlich duftende Dinge passierten. Zum einen war der Papa öfter im Keller oder im Schuppen und schraubte, sägte, bohrte, was das Zeug hielt. Durften wir sonst zum Gucken kommen oder ein paar Schrauben reichen, war das diesmal strengstens verboten. Die Ausreden, warum wir nun gerade jetzt nicht mithelfen durften, waren an Einfallsreichtum kaum zu überbieten. Und komisch war, dass bestimmte Spielzeuge trotz gründlichstem Suchen einfach nicht mehr auffindbar waren. Am Heiligabend, nach der Bescherung, wussten wir warum.

Bei alledem hatte diese ganze Adventszeit etwas unheimlich Schönes. Pyramiden, Kerzenlicht, Tannengrün, Lieder und der unbeschreibliche Duft, der durchs Haus zog, wenn Stollen und Plätzchen gebacken wurden. Tagelang war man mit der Vorbereitung, der Herstellung und der Nachbereitung dieser köstlichen Süßigkeiten beschäftigt. Ganze Waschwannen voller Teig wurden zum Bäcker geschleppt, um dann später ganz vorsichtig die Holzbretter mit den duftender Drei- und Vierpfündern nach Hause zu balancieren.

Nun mussten sie schnell gebuttert und gezuckert werden. Mmh, lecker. Noch mehr von den herrlichen Weihnachtsaromen bekamen wir natürlich mit, wenn Mama und Oma selbst den Backofen anwarfen. Diese Tage klangen oft mit Bauchschmerzen aus …

Unter dem herrlich geschmückten Weihnachtsbaum fanden wir etwas Neues zum Spielen. Schwarzer Peter, Zahlen-Lotto, Domino, Mikado und selbstverständlich „Mensch ärgere dich nicht". Wie herrlich war es, wenn die ganze Familie um den Tisch herumsaß und Opa richtig wütend war, weil er immer und immer wieder hinausgeworfen wurde. Oder Oma vollen Ernstes behauptete, dass wir beim Fische-Angeln mogeln würden, weil sie nur die „ollen Latschen" oder die Schrottbüchsen aus der schön bemalten Pappumrandung zog. Das Fernsehen spielte für uns keine Rolle. Entweder wurde gespielt oder gelesen bzw. vorgelesen, es wurden Geschichten erzählt oder Radio gehört.

Grünes Licht

Das Radio, ja das war eine spannende Angelegenheit. Es war natürlich verboten, daran herumzuspielen, aber ihr anderen 53er, seid mal ehrlich, wie oft habt ihr heimlich an den großen runden Knöpfen gedreht? Wenn wir clever waren, haben wir uns genau gemerkt, wo die Striche auf der Anzeige vorher

Und Weihnachten gab es ein Kranauto. Links oben ist dieses unglaublich magisch anziehende Radio zu sehen.

standen. Lesen konnten wir die Wörter Wien, Moskau, London, Berlin usw. noch nicht und auch die Zahlen waren uns nicht so geläufig. Auf die großen beigefarbenen Tasten zu drücken, trauten wir uns kaum. Zum einen ging das ziemlich schwer und zum anderen knallte das derart, dass es uns sicher verraten hätte. Aber dieser ganze große braune Kasten mit seinen grünen Lichtern übte eine große Anziehungskraft aus.

Uns reizte so viel Verbotenes. Die Schere zum Beispiel, das war ein hoch-interessantes Spielzeug. Wie sie so „Schnipp" und „Schnapp" auf- und zuging – einfach toll. Und wenn was dazwischen war, schwupps, ganz leicht konnte man es trennen. Sogar wenn es die gute Tischdecke war oder ein bisschen Haut vom Finger. Ähnlich erging es vielen von uns mit Muttis Küchenmesser, dem Kartoffelschäler oder diversen Gabeln. Hielten sich die Verletzungen in Grenzen, wurde die Bestrafung dafür umso schmerzhafter. Eine Ohrfeige, eine Kopfnuss, Stubenarrest oder In-die-Ecke-stellen waren zu unserer Zeit häufig angewendete Erziehungsmethoden.

So sehen zünftige Urlauber aus.

Der Goldene Westen

In diesen Jahren war es ja möglich, in den Westen zu fahren. Uns Kinder begeisterte als Erstes die lange Zugfahrt in richtig schönen Zügen, die einen ganz besonderen Duft besaßen, den Duft der großen weiten Welt. Mit der Westverwandtschaft wurden die mit Waren übervollen Läden besucht und groß eingekauft. Wir drückten uns die Nasen an den Spielzeuggeschäften platt und oft wurden Oma und Opa oder Onkel und Tante schwach und überhäuften uns mit Autos, Puppen, den berühmten Legosteinen und was es sonst noch alles gab. Wenn wir am Abend so viel Obst und Schokolade essen durften bis uns schlecht wurde, war eins klar: Für uns Kinder war der Westen eine andere Welt.

Aus dem Nähkästchen geplaudert

Der gute alte Nähkasten zog uns magisch an. Nicht grundlos durften wir nur unter Beobachtung und auch nur ganz vorsichtig da hineinfassen. Was gab es dort nicht alles. Mutter hob nun mal jede Kleinigkeit auf, denn es konnte ja wieder verwendet werden: Reißverschlüsse, Schleifen, Borten, Litzen und natürlich die Knöpfe. Aber die befanden sich, weil es so viele waren, in einer extra „Knopfkiste". Mit Begeisterung haben wir damit gespielt, sie nach der Größe gelegt, nach Farben sortiert oder einfach nur die Schönsten erkoren. Der Nähkasten als solcher bot aber noch mehr Interessantes, sogar für uns Jungen. Da gab es die Stopfpilze und die Fingerhüte, dicke und dünne Nähgarnrollen und selbstverständlich das Nadelkissen oder eine von irgendjemandem fein säuberlich bestickte Nadeltasche. Aber da waren wir wieder ganz schnell im kritischen Bereich (siehe Schere).

Fassbrause als Trost

Genäht, gestrickt, gehäkelt, geändert, aufgetrennt, um die Familie oder die Wohnung schöner aussehen zu lassen, wurde pausenlos. Wenn es auch nicht leicht war, aber wir Kinder sollten nie merken, dass viele Dinge einfach kaum oder nur mit viel Mühe zu bekommen waren. Besonders sonntags mussten wir schmuck und adrett aussehen, denn da ging es zum obligatorischen Sonntagsspaziergang. Vater hatte Zeit, Mutter sich welche genommen und ab ging es durch Wald und Flur, in Parks und Gärten. Aber warum, um Gottes willen, mussten es nun gerade an dem Tag die weißen Kniestrümpfe sein und das helle Mäntelchen? Kein übermütiges Herumtollen war möglich, nur artiges Auf-dem-Weg-Gehen. Bloß eine Fassbrause in Himbeere oder Waldmeister konnte uns da ein wenig trösten.

Die Brause gab es selten, ebenso wie etwas zu naschen. Auch unsere Eltern lebten da ziemlich bescheiden. Schnaps oder Wein jeden Tag – Fehlanzeige. Vielleicht für Vater eine kleine Flasche Bier nach der Arbeit. Nur wenn Freunde oder Verwandte nach Hause oder in den Garten kamen, wenn Geburtstag oder Silvester war oder wenn man sich zur Doppelkopfrunde traf, ja, da wurde aufgetischt. Ein Likörchen für die Damen, etwas „Hartes" für die Männer und eine Bowle für alle, natürlich mit selbst eingekochten Früchten angesetzt. Auch die Kirsch-, Heidelbeer- und sonstige Weine aus eigener Produktion wurden gern genommen. Dazu gab es Kartoffelsalat und eine ganze Jagdwurst, die, nachdem sie warm gemacht war, in Portionen aufgeschnitten wurde.

Die heiß geliebte Pappe

Am 7. November 1957 wurde der Öffentlichkeit ein Gemisch von Duro-Plast aus Harzpulver und grusinischer Baumwolle vorgestellt. Keine Ahnung, was das war? Ein Tipp: Es wurde im Zwickauer Automobilwerk zusammengerührt, besaß einen Zweitaktmotor mit 18 PS (Spitze 100 km/h bergab) und einen Hubraum von 500 ccm. Der Volkswagen der DDR war geboren, auf den man allerdings rund zwölf Jahre nach der Bestellung warten musste. Auch der Preis war nicht ohne: 10-13.000 Mark musste man hinblättern und für einen sehr gut erhaltenen gebrauchten manchmal noch mehr … Wie paradox das doch war! Aber um endlich ein Auto zu haben, ließ man sich nicht lumpen.

Der erste Trabant hieß P50 und wurde 1959 von einem Kombi mit 20 PS ergänzt. Danach folgte der 600er mit 23 PS und seit 1964 konnte man den 601er mit neuer Karosse kaufen. Die blieb so bis zum Auslaufen der Produktion am 30. April 1991, nur die Motorleistung steigerte sich auf unglaubliche 26 PS. Die allerwenigsten der mehr als drei Millionen Sachsen-Porsche, nämlich die nach der Wende gebauten, fuhren mit einem 1-Liter-VW-Viertakt-Motor. Wie kam aber eigentlich der garantiert rostfreie Trabi zu seinem Namen? Ganz einfach, er wurde dem ersten sowjetischen Sputnik (Erdsatellit) gewidmet, der ab 4. Oktober 1957 die Erde umkreiste.

Ein frisch lackierter Trabant P50.

Familienausflug am Sonntag.

Selber einkaufen

Entweder gingen wir mit zum
Einkauf oder wir durften mal allein
gehen. Bäcker, Fleischer,
Gemüse- und Milchladen sowie
der Konsum waren meist nicht so
weit weg von zu Hause. Bewaffnet
mit einer Aluminium-Milchkanne
mit Deckel oder mit einem Ein-
kaufsnetz bzw. Einkaufskörbchen
ging es los. „Einen halben Liter
Milch, bitte, und ein Stück Butter",
sagten wir höflich, denn wir sollten
auf gar keinen Fall dieses „Bitte"
vergessen. Die nette Verkäuferin

Hahn im Korb.

lächelte uns freundlich an, füllte unsere kleine Kanne aus ihrer großen und gab
uns ein Stück Butter. Sie nahm eine große Karteikarte und machte hinter
unserem Namen ein Häkchen. Das musste sein, denn obwohl die Lebensmittelkarten seit dem 28. Mai 1956 abgeschafft waren, bestand für Butter, Sahne
u. ä. Lebensmittel weiterhin eine Rationierungsverordnung. Ja, und so wurden
wir groß und größer, gingen einmal die Woche zur Vorschule und freuten uns
riesig auf unseren kommenden Lebensabschnitt.

1959-1962

Endlich Schule!

So ein schmucker Schulanfänger.

Die große Tüte

Wochenlang hatten wir uns gefreut – auf die
große Feier und auf die große Tüte. Ob wir sie
denn überhaupt tragen können und wie sie
aussehen und vor allem was alles darin sein wird, das waren die wahren
Fragen des Lebens. Zumindest unsere, so kurz vor der Einschulung. Und dann
war er da, der Tag, der künftig so viel verändern würde. Ranzen und Feder-
mappe waren ja ganz nett, der Füller, das Holzlineal, die akkurat angespitzten
Bunt- und Bleistifte ebenso. Aber natürlich war die riesengroße, bunt beklebte
Zuckertüte der Hit des Tages. Süßigkeiten, ein kleines Plüschtier, ein Spring-
seil, der Tuschkasten, Turnzeug, Autos, Quartettkarten – was passte bloß alles
in so eine Tüte hinein … Kein Wunder, dass sie so schwer war.

Chronik

3. Januar 1959
Die Jugendbrigade „Nikolai Mamai" aus Bitterfeld ruft alle Arbeitskollektive auf, sich nach sowjetischem Vorbild zu „Brigaden der sozialistischen Arbeit" zusammenzuschließen.

1. Oktober 1959
Der erste Sieben-Jahr-Plan wird nach dem Vorbild der UdSSR verabschiedet.

7. Oktober 1959
Zum 10. Jahrestag der DDR wird die neue Flagge vorgestellt: Schwarz, rot, gold mit Hammer, Zirkel und Ährenkranz.

22. Januar 1960
Grubenunglück in Zwickau.

25. August – 11. September 1960
Die Dresdnerin Ingrid Krämer gewinnt während der Olympischen Sommerspiele in Rom das Kunst- und Turmspringen. Als Nationalhymne für beide deutsche Staaten hört sie Auszüge aus Beethovens „Neunter".

7. September 1960
Wilhelm Pieck stirbt und Walter Ulbricht kommt an die Macht.

12. April 1961
Der sowjetische Kosmonaut Juri Gagarin umrundet als erster Mensch die Erde.

13. August 1961
Der Bau der Berliner Mauer beginnt.

13./14. November 1961
Alle Stalindenkmäler werden entfernt und alle Stalinstraßen umbenannt. Stalinstadt heißt jetzt Eisenhüttenstadt.

24. Januar 1962
Einführung der allgemeinen Wehrpflicht.

12. Juli 1962
Die Arbeiter- und Bauernfakultäten (ABF) stellen ihre Tätigkeit ein.

September 1962
Das Urlauberdorf Klink an der Müritz wird eingeweiht.

31. Dezember 1962
21.356 Personen haben in einem Jahr das Land verlassen.

Schule war schön, aber die Bänke …

Ach ja, die Holzbänke

Am nächsten Tag ging es richtig los. An Muttis Hand, etwas schüchtern, aber voller Erwartungen, strebten wir der Schule, dem Klassenzimmer und den unbequemen Holzbänken entgegen. Wie ihr euch sicher erinnern könnt, gab es für uns ABC-Schützen keine Tische und Stühle, sondern doppelte Bänke, die fest mit dem Schreibpult verbunden waren. In dem befanden sich die Tintenfasser und eine Rille für die Stifte. Das Holz dieser Sitzmöbel hatte uns so gern, dass es immer ein bisschen von sich abgab. Mal ein Splitter in den Finger, mal einer im Bein … Aber das beunruhigte unsere Mütter oft mehr als uns. Wir mussten uns auf andere Sachen konzentrieren, so zum Beispiel darauf, dass wir wirklich neben unserem Freund aus dem Kindergarten sitzen und nicht neben irgendeinem Mädchen, das vielleicht Zöpfe, eine Brille und eine Zahnspange hatte.

7. bis 10. Lebensjahr

Beim Sportunterricht.

Wir sollten jeden Tag etwas lernen. Rechnen, schreiben, lesen, malen, singen, basteln, ganz schön viel auf einmal, vor allem, wenn draußen so herrliches Wetter war und die Gedanken eigentlich nur um das nächste Fußballspiel gegen die Jungs der Nachbarstraße kreisten. Die Mädchen waren da besser dran und wir hatten das Gefühl, die kennen alles, was die Lehrerin so erzählt. Die setzten ihre Buchstaben so fein säuberlich aufs Papier, als hätten sie nie etwas anderes getan. Und erst beim Bankrechnen – da wussten sie die Antwort, bevor der Lehrer die Aufgabe überhaupt ausgesprochen hatte. Ein Grund mehr, sich mit Gleichgesinnten zusammenzuschließen, die auch mal Eselsohren im Buch hatten oder einen Tintenklecks im Heft, die auch mal die Hausaufgaben vergaßen oder das Sportzeug.

Endlich ist beim Wandertag mal Pause.

Lesen lernen

Aber auch wir Jungs wollten was lernen, vor allem lesen. Wie viele Kinderbücher hatten wir schon zu Hause. Oft gehörten sie bereits den Großeltern oder den Eltern oder Geschwistern, aber einige gehörten uns ganz allein. Sicher, die meisten kannten wir bereits, weil sie immer mal vorgelesen wurden, aber selber lesen, das war doch etwas ganz anderes. Dazu kam natürlich, dass wir 53er ja fast ohne Fernsehen, ohne Computer, ohne Playstation und ohne Internet groß geworden sind. Wir mussten, durften und konnten unserer Fantasie freien Lauf lassen.

Wir litten mit Robinson Crusoe auf seiner einsamen Insel, wir saßen zusammen mit Onkel Tom in seiner Hütte, wir spürten förmlich den Atem von Pony

Pedro und unternahmen eine Reise nach Sundevit. So wie der brave Schüler Ottokar wollten wir sein, die Mädchen allerdings mehr wie Hanni und Nanni. Aber das Größte war, Karl May auf seinen Abenteuern zu begleiten. Offiziell gab es diese Bücher gar nicht in der DDR, aber inoffiziell las sie jeder Zweite.

So wie überhaupt sehr viel in unserem Land gelesen wurde. Waren wir nicht bereits Mitglied in einer der zahlreichen Kinderbibliotheken, wurden wir es spätestens durch die Schule. Sie kosteten nichts und man konnte unendlich viele Geschichten neu

Lederhosen, Helm und ein „heißer Ofen" unterm Po – was gab es Schöneres?

erfahren. Wer Bücher kaufte, musste nicht viel Geld ausgeben. Die „Kleinen Trompeterbücher" zu 1,75 Mark oder „Robinsons Billige Bücher" zu zwei Mark kennt sicher jeder.

Selbst unsere eigenen Zeitschriften besaßen und liebten wir. Los ging es mit dem „Bummi", der gerade während unserer Vorschulzeit (1957) auf den Markt kam. Darin erklärten uns Bummi und seine Freunde Maxl und Mischka sehr anschaulich die Welt. Nun waren wir Schulkinder und lasen die „Frösi", die seit 1953 einmal im Monat erschien. Korbine Früchtchen und Atomino zeigten uns viel Interessantes aus Natur und Wissenschaft. Das Wort „Frösi" war übrigens von dem Pionierlied „Fröhlich sein und singen, stolz das blaue Halstuch tragen" abgeleitet. Aber dazu später mehr.

Und natürlich das Mosaik

Für Jungpioniere gab es die „ABC-Zeitung" und die „Trommel" für Thälmannpioniere. Intensiver gelesen wurde von uns die „Atze", die es seit 1955 gab. In dieser Comic-Zeitschrift waren die Mäuse Fix und Fax mit ihren Reimen unsere Lieblinge. Bei dieser Aufzählung darf aber auf keinen Fall das „Mosaik" vergessen werden, das am 23. Dezember 1955 zum ersten Mal erschien. Dig, Dag und Digedag erlebten in der ganzen Welt die spannendsten Abenteuer,

7. bis 10. Lebensjahr

Johannes Hegenbarth, der Erfinder des DDR-Comics Mosaik, auf der Ausstellung „Dig, Dag, Digedag" in Leipzig.

und wir waren dabei. 20 Jahre lang ließ Hannes Hegen (Johannes Hegenbarth) sich jeden Monat etwas Neues einfallen, bis die Abrafaxe die neuen Helden des „Mosaik" wurden.

Unser blaues Halstuch

Wir hatten recht schnell begriffen, wie man sich als einigermaßen guter Schüler so durchs Leben schlägt. Und seien wir mal ehrlich: Ohne Schule wäre es richtig langweilig gewesen. Einiges machte ja sogar Spaß. Und dazu zählte das Pionierdasein. Zumindest am Anfang. Ein bisschen stolz waren wir schon, als wir zum ersten Mal das blaue Halstuch umgebunden bekamen. Und außerdem war eine Menge los. Am Pioniernachmittag wurde gebastelt oder gespielt, wir gingen ins Theater oder ins Kino oder trieben Sport. Da die meisten von uns mittags nach Hause gingen, war das eine willkommene Abwechslung. Aber auch für diejenigen, die in den Hort mussten, waren diese Nachmittage eine Bereicherung, denn Hort hieß damals meistens nur Hausaufgaben erledigen und im Klassenzimmer oder auf dem gepflasterten Schulhof spielen.

Der RIAS und wir

Pionier sein hieß Altstoffe zu sammeln und sich für bestimmte politische Vorgänge zu interessieren, sei es ein Krieg, der erste bemannte Weltraumflug von Juri Gagarin am 12. April 1961, der Bau der „Mauer" am 13. August 1961 oder die Kuba-Krise im Herbst 1962. Wir verstanden zwar weder Tragweite noch Auswirkungen dieser Ereignisse, aber wir lernten schnell, in der Schule das Richtige zu sagen. Unser aller Problem war, dass die meisten mit RIAS und Deutschlandfunk (ab dem 1. Januar 1962 sendete er extra für das Gebiet der DDR) und mit ARD und ZDF (ab 1. April 1963) groß geworden sind. Da halfen auch keine „Aktion Ochsenkopf", da half nur eine ungünstige Lage wie zum Beispiel im Dresdner „Tal der Ahnungslosen" oder Eltern, die tatsächlich nicht – oder nicht vor uns – Westsender gehört oder gesehen haben.

Die Gebote der Jungpioniere

Wir Jungpioniere lieben unsere DDR.
Wir Jungpioniere lieben unsere Eltern.
Wir Jungpioniere lieben den Frieden.
Wir Jungpioniere halten Freundschaft mit
den Kindern der Sowjetunion und aller Länder.
Wir Jungpioniere lernen fleißig, sind ordentlich und diszipliniert.
Wir Jungpioniere achten alle arbeitenden Menschen und helfen überall tüchtig mit.
Wir Jungpioniere sind gute Freunde und helfen einander.
Wir Jungpioniere treiben Sport und halten unseren Körper sauber und gesund.
Wir Jungpioniere tragen mit Stolz unser blaues Halstuch.

Am Pioniernachmittag war immer was los.

Timur und sein Trupp

Wir waren gute Pioniere, selbst wenn wir ein bisschen mogelten. Die Nachrichtensendung, die die Eltern guckten, hieß die „Aktuelle Kamera" und nicht „Tagesschau", unsere Fernsehuhr hatte selbstverständlich Punkte und keine Striche – ist doch klar, wissen wir doch, haben uns die Eltern doch oft genug eingebläut ... Aber wir sammelten trotzdem Flaschen, Lumpen, Altpapier und spendeten das Geld. Und wir halfen alten Leuten beim

Die Menschen winkten einander zu. Zwischen ihnen stand die neu errichtete Berliner Mauer.

Einkaufen oder holten Kohlen aus dem Keller, denn wir wollten wie Timur und sein Trupp sein. Und wir besuchten gerne unsere Patenbrigade, denn die waren lustig, zeigten uns ihre Arbeit und es gab Brause. Manchmal kamen sie auch zu uns in die Schule, wenn Weihnachtsfeier war oder Zeugnisausgabe.

Die Zeugnisausgabe war ein spannender Moment in unserem Schülerdasein. So ungefähr wusste man, wie es in den einzelnen Fächern aussah. Aber wird es denn im Rechnen eine Zwei oder nur eine Drei, stand ich so knapp? Und wie werden dieses Jahr die Kopfnoten, also Betragen, Fleiß, Mitarbeit, Ordnung und Gesamtverhalten, aussehen? Ein paar Einträge hatte ich im Hausaufgabenheft, oh, da gibt es wieder Ärger zu Hause. Wenn es keinen Ärger gab, gab es oft ein paar Mark fürs Sparschwein. Wenn Oma und Opa das Portemonnaie zückten, besserte sich die nie sehr üppige Haushaltskasse zum Glück auf.

„Zwischen Frühstück und Gänsebraten" war die Weihnachtssendung für die ganze Familie.

DDR-Fernsehen

1960 besaß jeder zehnte Haushalt ein Fernsehgerät und Adlershof sendete 57 Stunden pro Woche. Im Gründungsjahr des Deutschen Fernsehfunks 1952 waren es dagegen nur 600 Fernsehgeräte gewesen, meist die im VEB „Sachsenwerk" Radeberg hergestellten „Leningrad T2". Viele Sendungen, die uns durch die Kindheit begleitet haben, wurden Ende

der 50er-Jahre erfunden. So statteten wir sonntags um 15.30 Uhr Meister Nadelöhr einen Besuch im Märchenland ab und begrüßten seit 1961 Pittiplatsch und Schnatterinchen. Professor Flimmrich gehörte seit 1959 samstags um 14 Uhr fest zu unserer Planung. Herrliche Märchenfilme wie „König Drosselbart", „Das singende klingende Bäumchen", „Frau Holle" oder „Die Geschichte vom Feuerzeug" konnten wir nicht oft genug sehen. Genauso erging es uns mit den Märchenfilmen aus der Sowjetunion und aus der CSSR. Zeitgleich begann uns das Sandmännchen täglich um 18.50 Uhr eine gute Nacht zu wünschen.

Und unsere Eltern? Weihnachten 1957 moderierten Heinz Quermann und Margot Ebert zum ersten Mal die legendäre Sendung „Zwischen Frühstück und Gänsebraten". Am 20. August 1959 startete die Krimiserie „Blaulicht" mit Bruno Carstens. Der „Montagsfilm" begann und die „Rumpelkammer" mit Willi Schwabe, die „Aktuelle Kamera" und seit 1960 „Der schwarze Kanal" mit Karl-Eduard von Schnitzler, der Quotenkiller schlechthin.

Der Schauspieler Willi Schwabe (1915–1991).

Der Bitterfelder Weg

„Greif zur Feder, Kumpel!" – so hieß die Losung der ersten Bitterfelder Konferenz am 24. April 1959, die im Elektrochemischen Kombinat stattfand. 500 Kulturschaffende, Arbeiter und Funktionäre diskutierten darüber, wie man Literatur und Produktion einander näherbringen könnte. Ein Jahr zuvor hatte Walter Ulbricht auf dem V. Parteitag der SED verkündet:

„… in Staat und Wirtschaft ist die Arbeiterklasse der DDR bereits Herr. Jetzt muß

sie auch die Höhen der Kultur stürmen und von ihnen Besitz ergreifen." Konkret hieß das, dass Künstler für eine gewisse Zeit in die Produktion gingen und auf der anderen Seite Hunderte „Zirkel schreibender Arbeiter" entstanden. Der „Bitterfelder Weg" brachte in den ersten Jahren viel positiven Elan in die Kulturszene. Im Juni fanden mit 10.000 Laienkünstlern und 5000 hauptberuflichen die 1. Arbeiterfestspiele in Halle statt, die bis 1972 jährlich durchgeführt wurden.

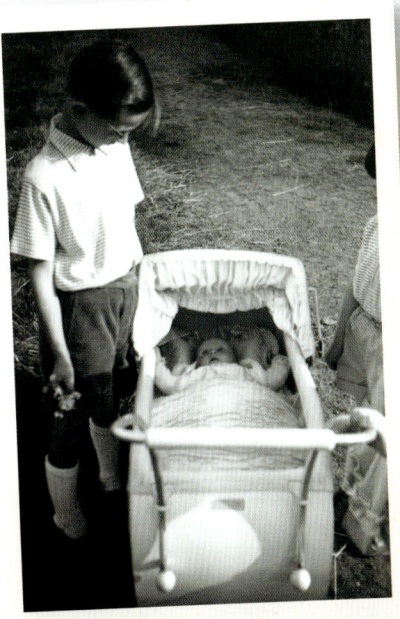

Heimliches Naschen

Wieder einmal standen die Ferien an wir brauchten dringend ein paar Pfennige. Egal, ob man im Winter die drei oder im Sommer die acht Wochen zu Hause blieb, ob man mit den Eltern verreiste, ins Betriebs- oder Pionierferienlager fuhr – Geld zu haben war

„Nein, zum Familie-Spielen habe ich jetzt wirklich keine Lust."

nie ganz schlecht. Da brauchte man 50 Pfennig fürs Kino, einen Groschen für eine Kugel Vanilleeis, fünf Pfennig für einen einfachen Lutscher oder ein Brausepulver. Die braunen malzigen Lutscher, in die man hineinpfeifen konnte, kosteten das Doppelte und die runden Lollibälle mit der leckeren Nougatfüllung unglaubliche 20 Pfennig.

Geld gaben wir hauptsächlich für Naschereien aus. Der Bäcker neben der Schule lernte so manches Geldstück aus unserem Sparstrumpf kennen. Mmh, die leckeren Streuselschnecken, Strumpfsohlen, Amerikaner und Rumkugeln – nur erwischen lassen durften wir uns nicht.

Wenn der Vater mit dem Sohne …

Immer die anderen

Und immer wieder gab es Ärger. Mal mehr, mal weniger. Besonders für uns Jungs. Wir waren, wenn ich mich so recht erinnere, eigentlich nie bis selten schuld. Meistens waren es die Lehrer, die Nachbarn, die Freunde, die Geschwister, aber wir … Auch Gegenstände konnten an so manchem Ungemach wunderbar schuld sein. Ein Fußball zum Beispiel. Warum flog er nicht dorthin, wo wir ihn hinhaben wollten, sondern ausgerechnet in Frau Meiers Fensterscheibe?

Oder unsere selbst gebauten Schleudern. Die Krampe sollte auf keinen Fall Sybilles Gesicht treffen. Aber tu was dagegen, das Ding flog eben einfach dorthin. Aber wir konnten natürlich auch ordentlich spielen, sogar mit den Mädchen. Völkerball sei an dieser Stelle genannt. Wie der Name sagt, hat

7. bis 10. Lebensjahr

dieses Spiel etwas Verbindendes, faktisch zwischen dem Volk der Jungs und dem Volk der Mädchen. Wir spielten es mit großer Begeisterung und Hingabe auf der Straße, und die zwei, drei Autos, die mal vorbeikamen, ließen wir großzügig durch.

Auf der Straße, im Hof oder im Garten spielten wir Hasche, Verstecken, „Meister, gib uns Arbeit auf", „Fischer, wie hoch steht das Wasser?" und „Klimpern", bei dem die Pfennige ganz dicht an die Wand geworfen werden mussten. „Himmelhuppe", Kreiseln oder „Gummitwist" überließen wir selbstverständlich den Mädchen oder den Weicheiern unter uns. Der King im Revier waren wir natürlich, wenn wir ein ferngesteuertes Auto besaßen, das auch noch blinken und hupen konnte. Eine Westoma oder ein Westonkel waren die Voraussetzung. Ebenso für eine richtige echte Zündtütchenpistole. Da konnte man wunderbar „Rauchende Colts" nachspielen, und das nicht nur zur Faschingszeit.

Einen Ball und eine Gelegenheit zum Bolzen gab es überall.

Das richtige Geschenk

So etwas gab es aber natürlich nicht so zwischendurch. Da musste schon Weihnachten oder Geburtstag ins Haus stehen. Ostern oder zum Nikolaus bekamen wir immer nur ein paar Naschereien, aber diese anderen beiden Festivitäten versprachen dann doch jedes Mal so ein, zwei Höhepunkte. Ein neues Spiel, ein Fußball, ein Baukasten, Bücher, Bastelbögen, einen Webrahmen oder eine Luftmatratze. Was unser aller Herz beim Anblick jedes Geburtstagstisches allerdings immer höherschlagen ließ, waren ein liebevoll verpackter Berg Unterwäsche, sorgfältig mit roter Schleife zusammengebundene Socken, nagelneue und deshalb bretthart Baumwolltaschentücher. Wollte die Patentante nur das Beste für uns, fanden sich schon mal drei oder sogar sechs Handtücher für die Aussteuer neben dem Holzkranz mit den Geburtstagskerzen wieder. Juchhu, unsere Begeisterung kannte keine Grenzen …

Aber die Geschenke waren ja gar nicht so sehr das Wichtigste an unserem Ehrentag. Viel mehr freuten wir uns eigentlich auf die Feier, und zwar auf die mit unseren Freunden. Kakao und Kuchen, Kartoffelsalat und Würstchen, Eis und Limo, nichts davon durfte fehlen, egal ob nur zwei Freunde oder Freundinnen kamen oder zehn. Die von uns, die im Sommer Geburtstag hatten, waren klar im Vorteil, denn im Garten zu feiern, Indianerzelte aufzubauen, Topfschlagen und Blindekuh zu spielen, so richtig laut und ausgelassen zu sein, machte doch bei Sonnenschein und im Grünen viel mehr Freude. Abends fielen wir dann erschöpft und glücklich ins Bett, um schon von der Feier im nächsten Jahr zu träumen.

Kindergeburtstag mit Indianerzelt, Indianerschmuck und Klopfstange.

Demo für Elvis

Von den Leipziger Vororten Wahren und Gohlis aus zogen am 2. November 1959 rund 40 Jugendliche in Richtung Innenstadt. Allerdings riefen sie keine Wettbewerbslosungen, sondern: „Wir wollen keinen Lipsi und keinen Alo Koll. Wir wollen Elvis Presley und seinen Rock 'n' Roll!" 15 junge Leute kamen ihre Unmutsbekundungen teuer zu stehen, denn sie erhielten wegen Landfriedensbruchs Haftstrafen zwischen sechs Monaten und viereinhalb Jahren.

Allerdings setzte sich der in Leipzig neu erfundene Tanz „Lipsi" trotz größter Mühen der Verantwortlichen nicht durch. Gleiches passierte in Sachen Mode. Nicht die empfohlenen klein gemusterten Kleider aus Dederon oder Kunstseide wurden von den jungen Mädchen getragen, sondern weiße, ärmellose Rollkragenpullis mit schwarzen Röcken und einem breiten Gummizuggürtel dazu – eben Elvis-Look.

Blaues Halstuch und Jo-Jo

Der 1. Mai war für uns schon ein spannender Tag. Wir gingen mit unseren Eltern zur Demonstration und bekamen meist Limo, Bockwurst oder Eis. Anschließend saßen die Erwachsenen gemütlich beieinander.

Die erste Null

Endlich war es geschafft – unser Alter bestand jetzt aus zwei Ziffern. Zusammengefasst hieß das: Wir sind keine Kinder mehr, jedenfalls in unserer Vorstellung. Die erste Null wurde gebührend gefeiert. Alles, was Rang und Namen hatte, also Oma und Opa, Onkel Werner und Tante Edith, Onkel Kurt und Tante Renate, Cousine Petra und, und, und stellten sich zu Kaffee und Kuchen und Sahnetorte ein. Für die Damen gab es ein Likörchen und für die Herren einen Weinbrand. Anschließend zierte der große Bowletopf den Tisch und die Stimmung stieg stündlich. Ja, und spätestens da standen wir vor den Scherben

Chronik

9. Juni 1963
Im Endspiel der letzten Feldhandball-Welt-meisterschaft besiegt die DDR in Basel die BRD.

30. Juli 1963
Verlängerung des Schwangerschafts- und Wochenurlaubs, Erhöhung der Altersrente, Gewährung von leistungsabhängigem Zusatzurlaub und die Zahlung von Nachtschichtzuschlägen werden durch den Ministerrat beschlossen.

1.–8. September 1963
Während der Leipziger Buchmesse gibt es erstmals die Ausstellung „Schönste Bücher aus aller Welt".

17. Dezember 1963
Ein Passierscheinabkommen wird unterzeichnet, nachdem Westberliner erstmals nach dem Mauerbau zu Weih-nachten ihre Verwandten in Ostberlin besuchen können.

2. Januar 1964
Ausgabe von neuen Personalausweisen, deren Inhaber jetzt „Bürger der Deutschen Demokratischen Republik" heißen.

16.–18. Mai 1964
Drittes und letztes „Deutschlandtreffen der Jugend" in Berlin. Aus diesem Anlass nimmt das Jugendradio „DT 64" seinen Betrieb auf.

18. Juni 1964
Gründung des „Buchclubs 65", der preiswerte und gute Literatur in hoher Auflage vertreibt.

28. Dezember 1964
Die Volkszählung ergibt 17 Millionen DDR-Bürger, 1,3 Millionen weniger als 1950.

25. Februar 1965
Die Volkskammer verabschiedet das „Gesetz über das einheitliche sozialistische Bildungssystem" mit der zehnklassigen allgemein bildenden Polytechnischen Oberschule (POS) als Kern.

7. April 1966
Regierungsbeschluss zur schrittweisen Einführung der Jahresendprämie.

unseres gedanklichen Kartenhauses. Nicht nur bei den Geschenken verga-ßen die meisten, dass wir nun fast schon erwachsen waren, nein, selbst jetzt durften wir nicht mal ein klitzeklei-nes Schlückchen mittrinken!

Der Forschungsreaktor in Rossendorf bei Dresden wurde 1957 in Betrieb genommen.

Kernige Energie

Am 9. Mai 1966 nahm das erste Atomkraft-werk der DDR seinen Betrieb auf. Nördlich von Berlin, in Rheinsberg, war knapp zehn Jahre zuvor der Grundstein gelegt worden. Das Land war arm an Rohstoffen, brauchte aber für die rasche Industrialisierung jede Menge Energie.

Die Sowjetunion lieferte 36-prozentig angereichertes Uran, das aber zuerst in Rossendorf bei Dresden zum Einsatz kam. Hier begann nämlich bereits am 17. Dezember 1957 der erste Atomreaktor für Forschungszwecke mit seiner Arbeit. Rossendorf war der Sitz des Zentralinstitu-tes für Kernforschung der DDR.

Jeder musste was tun

Wir waren wir nicht ganz ohne Aufgaben. Zum einen verlangte die Schule so einiges von uns, zum Beispiel Hausaufgaben machen, und das fast täglich. Sogar riesige Aufsätze sollten wir schreiben, mit zuverlässiger Regelmäßigkeit zu dem Thema „Mein schönstes Ferienerlebnis". Und für Heimatkunde Bildermappen anfertigen oder Früchte des Waldes sammeln. Sachen also, für die die Mädchen eindeutig besser geeignet waren.

Zum anderen verlangten die Eltern von uns, das Zimmer aufzuräumen, den Tisch zu decken, abzuwaschen und abzutrocknen, Schuhe zu putzen und einkaufen zu gehen. Das Anstehen beim Bäcker nach einem frischen Drei-Pfund-Brot für 78 Pfennig war nervig, besonders vor Fest- und Feiertagen. Aber da führte kein Weg vorbei, es schmeckte nun mal viel besser als das Konsumbrot.

Fernsehen für die Großen

„Blitz contra NATO-Sender": So hieß eine groß aufgezogene Aktion der FDJ, die kein Mensch unter diesem Namen kennt. Wir sprachen von der „Aktion Ochsenkopf". Jugendliche stiegen, ähnlich wie einst die englischen Maschinenstürmer, auf fremde Dächer und drehten die Antennen, die Richtung Westen ausgerichtet waren, einfach um oder brachen sie ab. Kein Mensch traute sich was dagegen zu sagen, stattdessen bauten die meisten ihre Antenne flugs unter das Dach. Westfernsehen und Westrundfunk wurde trotzdem konsumiert, man war halt vorsichtiger.

Aber auch Sendungen des DDR-Fernsehens waren beliebt. So begann 1963 das kritische Magazin „Prisma" und zwei Jahre später „Objektiv". 1964 rief Hans-Georg Ponesky seine legendäre Unterhal-

Hans-Georg Ponesky, hier während einer Radiosendung, rechts im Bild, moderierte die Unterhaltungssendungen „Mit dem Herzen dabei" und später „Alles singt".

tungssendung „Mit dem Herzen dabei" ins Leben. 1965 begannen gleich mehrere TV-Hits: „Der Staatsanwalt hat das Wort" mit Dr. Peter Przybilski, „Sport aktuell" und „Klock acht, achtern Strom" aus der Hafenbar Rostock. Im selben Jahr wurde eine der beliebtesten Sendungen eingestellt: „Da lacht der Bär".

Was gibt's heute?

Was aßen wir damals eigentlich gern?
Es gab keine Fischstäbchen und keine
Pommes, keine Hamburger und keine
Frühlingsrolle, keinen McDonald's
und kein Subway, keine Cola und
kein Softeis. Kaum zu glauben, aber
wir ernährten uns von guter deutscher
Hausmannskost. Na ja, wenn wir mal

Wir großen Pioniere holten die „Neuen"
an ihrem ersten Schultag zu Hause ab.

den Pamps der Schulspeisung außen vorlassen. Im Gemüse waren kaum noch
Vitamine drin und auch sonst verlangte diese Kelle Essen eher einen anspruchs-
losen Gaumen bzw. einen unbändigen Hunger. Aber zum Glück kochte Mutter
fast täglich, wenn sie durch ihre Arbeit nicht zu sehr eingespannt war.

Essen zu Hause – das waren sehr oft dampfende Kartoffeln auf dem Tisch,
denn die Zeit für ausländische Küche war einfach noch nicht reif. Klar gab es
mal Makkaroni mit Jagdwurst und Tomatensoße, aber al dente war genauso
ein Fremdwort wie die Übersetzung „bissfest". Reisgerichte, außer Milchreis
natürlich, waren eher die Exoten auf dem Speiseplan. Dafür gab es Kochfisch
mit Senfsoße, Kartoffelsalat mit Bratfisch oder Bockwurst, Eintöpfe, Eierkuchen,
„verlorene Eier" und ganz viel Gemüse der Saison. Fleisch gab es in der
Woche eher selten, mal Königsberger Klopse, mal Boulctten. Kompott gab es
dafür häufig. Mal wurde Pudding gekocht, mal ein Einweckglas aufgemacht
oder frisches Obst geschmort.

Zu Trinken gab es große Kannen Tee oder Malzkaffee und den beliebten
Himbeersirup mit Wasser. Limonade war wirklich die Ausnahme und wurde von
uns umso mehr genossen. Täglich Süßigkeiten zu essen war keineswegs die
Norm. Sich mal eine Gummischlange
zu gönnen oder eine weiß-bunt
gestreifte Zuckerstange, eine gefüllte
Waffel oder Pfefferminzbruch – das war
ein Höhepunkt. Ebenso die Kugel Eis
für einen Groschen.

Trabi und Straßenbahn – eine Momentauf-
nahme von 1963 aus Karl-Marx-Stadt.

Die Kult-Schwalbe.

Die Schwalbe war der Star

Diese Vögel waren blau, weinrot oder beige. Spatz, Schwalbe, Habicht, Star und Sperber – jeder kannte sie, denn so hießen die im VEB Kombinat Fahrzeug- und Jagdwaffenwerk „Ernst Thälmann" (besser bekannt unter VEB Simson Suhl) hergestellten Kleinkrafträder.

1961 begann die Produktion dieser Vogelfamilie, die neben Zweisitzern einen Einsitzer (Spatz) und ein 4-Gang-Mokrad mit 4,6 PS und 75 Stundenkilometern Spitze (Sperber) hervorbrachte. Am 1. Februar 1964 ging eines der bekanntesten DDR-Produkte in Serie, die Schwalbe.

Der meist blaue Kleinroller KR 51 war mit einem 50 ccm-Zweitakt-Motor ausgestattet, der es bis zu 60 Stundenkilometer schaffte. 1265 Mark betrug der Grundpreis für dieses treue Gefährt, das vom Schüler und Rentner gleichermaßen geliebt wurde. Sogar eine Gemeindeschwester namens Agnes konnte nicht darauf verzichten.

Englisch for you

Nachdem wir in den letzten Jahren erfolgreich Fächer wie Schulgarten und Nadeln hinter uns gebracht hatten, stürzte nun eine Flut von neuen Möglichkeiten, den Zensurendurchschnitt zu drücken, auf uns ein. Russisch, Geschichte, Biologie, Erdkunde, Physik, Chemie, du meine Güte, wer sollte das denn alles lernen und im Kopf speichern? Russische Vokabeln – und erst diese Grammatik mit sechs Fällen … Auch die Pflege von Brieffreundschaften nach Moskau oder Kiew bewirkte nicht zwingend eine Verbesserung unserer Sprachkenntnisse.

Mit dem Englisch stand es nicht viel besser. Fakultativ besuchten wir diesen Unterricht, der oft frühzeitig oder am Nachmittag stattfand und dessen Lehrer meist schon kurz vor der Rente oder darüber waren. Der legendäre Fernsehunterricht „Tom und Peggy" half uns nicht sonderlich weiter, denn die

Schulfasching – immer wieder ein Höhepunkt.

Spielszenen waren so langweilig wie die Moderatorin mit ihrer großen Brille und den hochtoupierten Haaren. Für Jugendliche, die gerade mit ihrer Sturm-und-Drang-Periode begannen, keine besondere Anregung, um eine fremde Sprache zu erlernen, die man außerdem kaum im Leben anwenden konnte.

Nicht mehr Kind!?

Musik war wirklich das, was unseren eigenen Kosmos prägte. Sie schweißte uns zusammen und grenzte uns ab gegen alle, die uns auf einmal nicht mehr verstehen wollten – vor allem Eltern und

Ob mit den Eltern oder mit der Klasse, mit der Pioniereisenbahn zu fahren machte einfach Spaß.

Lehrer. Auch wenn diese Musik meist englisch gesungen wurde und wir nahezu nichts verstanden, auch wenn wir beim Nachsingen den größten Kauderwelsch von uns gaben, wir identifizierten uns mit ihr.

Die ersten Anzeichen der beginnenden Pubertät machten sich also breit und wir konnten sie oft gar nicht einordnen. Unsere Antworten fielen äußerst knapp oder ziemlich pampig aus, gut gemeinte Ratschläge wurden von vornherein negiert. Dabei war es nur die äußere Hülle, die so kratzbürstig wirkte, ganz innen waren wir liebend gern Kind. Das zeigte sich besonders beim Spielen, denn davon bekamen wir nach wie vor nicht genug.

Im Sommer spielte sich alles draußen ab. Ein Ball war immer aufzutreiben, egal, ob klein, ob groß, ob alt, ob neu, zur Not tat es eine Büchse. Wir waren Verbrecher und Polizisten, rannten durch den Wald, kletterten über Mauern, versteckten uns in alten Häusern. Wir waren Winnetou und Old Shatterhand, schlossen Blutsbrüderschaft und fesselten unsere Feinde an den Marterpfahl. Wir fuhren Fahrrad, wir hatten Freunde und Spaß. Nach Hause gingen wir, wenn wir Hunger hatten, wenn die Kirchturmuhr sieben schlug oder zum vorher mit den Eltern vereinbarten Zeitpunkt – ganz ohne Handy und ganz ohne Abholen. Und ganz ohne Mädchen oder jedenfalls fast ohne Mädchen. Mal musste eine jüngere Schwester mit betreut werden und mal war eben eine Steffi, eine Marion oder eine Angela so patent, dass es gar nicht auffiel, dass sie kein Junge war.

P 2 gegen die Wohnungsnot

Lieber eine hellhörige Wohnung als gar keine – so das Motto vieler, die in den 60er-Jahren in eine Neubauwohnung zogen. Wohnraummangel herrschte akut im ganzen Land und mit der Mischbauweise aus Stein und Beton, der Q-3-A-Variante, war dem nur teilweise beizukommen. Also suchte man eine Möglichkeit, vor allem schneller zu bauen. Diese fand man in der Plattenbauweise, der P-2-Variante. Industriell vorgefertigte Teile wurden ab 1960 so zusammengefügt, dass beispielsweise 60 Quadratmeter eine Zweieinhalbzimmerwohnung ergaben. Es gab Trocken-, Fahrrad- und Gemeinschaftsräume und anfangs hatte die Küche ein Fenster. Die spätere Variante mit einer Durchreiche von der Küche ins Wohnzimmer wurde gehasst oder geliebt. P 2 wurde durch WBS 70 abgelöst.

Ein typischer Wohnungsbau der AWG, hier in Erfurt.

Um an eine Neubauwohnung zu kommen, mussten die Eltern möglichst Arbeiter oder Angestellte sein. Man trat in eine Arbeiterwohnungsbaugenossenschaft (AWG) ein und musste eine Vielzahl von AWG-Stunden (Aufbaustunden) auf dem Bau leisten. Wir Kinder gingen oft mit und tobten auf dem Bau herum oder erledigten kleine Aufgaben. Es war ein Festtag, als wir in die neue Wohnung zogen und endlich unser erstes eigenes Zimmer bekamen.

Trost in der Geisterbahn

Interessant wurde das weibliche Geschlecht für uns im Schwimmbad und auf dem Rummel. Da herrschte so eine ganz besondere Atmosphäre, die die Hormone anheizte. Man sah bei unseren Klassenkameradinnen die ersten fraulichen Rundungen und das zickige Gehabe darum, und wir hatten andererseits die Möglichkeit, uns als das starke Geschlecht zu präsentieren. Wir gingen in noch so kaltes Wasser, sprangen todesmutig von der höchsten Erhebung und besaßen die Kraft, die „Damen" ins Wasser zu schmeißen.

Auf dem Jahrmarkt fuhren wir unerschrocken jedes Karussell und konnten in der Geisterbahn beschützend den Arm um unsere Mitfahrerin legen. Ach, es machte schon Spaß, ein „Mann" zu werden. Aber es machte auch Spaß, das „Kind im Manne" herauszulassen. So gab es fast nichts Schöneres, als mit einer herrlich aufgebauten Eisenbahnanlage zu spielen, auf der PIKO-Züge,

Spur HO, oder ZEUKE-Züge, Spur TT, fuhren. Da gab es immer was zu basteln und zu bauen. Ebenso bei den STABA-Metallbaukästen. Wie viele Stunden haben wir damit verbracht und uns manchmal auf unseren künftigen Beruf vorbereitet. Die Mädchen hingegen spielten gerne Schule oder Ärztin oder Friseuse. Sie kleideten Puppen an und simulierten den Familienalltag in selbst gebauten Buden oder mit der Puppenstube. Gummitwist war ihre Domäne im Freien.

Viel Zeit verbrachten wir gemeinsam in Arbeitsgemeinschaften oder im Sportklub. Arbeitsgemeinschaften gab es zahlreiche in jeder Schule. Die Lehrer sollten dabei je nach ihren Neigungen am Nachmittag etwas auf die Beine stellen. Und das konnten manche richtig toll. So gab es die AG Junge Techniker, Töpfern, Junge Kosmonau- ten, Fotografie, Wie schreibe ich ein Gedicht, Junge Vogelkundler und wer weiß was noch alles. Wohnte man in der Stadt, so konnte man seinen Interessen im Haus der Pioniere nachgehen. Und das alles kostete nichts oder nur ein paar Pfennig. Gleiches war bei der Musikschule so oder im Sportverein.

Aber auch mit der kleinen Eisenbahn zu spielen, ließ unser Herz höherschlagen.

Die kleine Freiheit

Am 18. Dezember 1965 war es so weit. Die kleine Freiheit der Kultur- und Musikszene fand ein Ende. Ulbricht verkündete auf dem 11. Plenum: „Ich bin der Meinung, Genossen, mit der Monotonie des yeah-yeah-yeah und wie das alles heißt, sollte man doch Schluß machen!" Zwei Jahre lang durfte Rock 'n' Roll und Twist getanzt werden, sangen die „Buttlers" ihren Hit „Buttlers Boogie" und die „Sputniks" ihr nicht minder gutes „Beim Hully Gully bin ich König", lasen Biermann, Wiens und Müller kritische Werke vor großer Runde. DT 64, der Jugendsender des Berliner Rundfunks, der anlässlich des Deutschlandtreffens ins Leben gerufen wurde, spielte mit „I wanna hold your hand" zum ersten Mal in der DDR eine Beatles-Platte. 1964 brachte Amiga die erste Beatles-Single auf den Markt. Nun war alles vorbei – Auftrittsverbote, Filmverbote, Berufsverbote.

Wir bekamen das noch nicht so richtig mit und amüsierten uns im Kino über Polizei und Armee und Rolf Herricht. „Geliebte weiße Maus" (1964) und „Der Reserveheld" (1965) hießen die Streifen.

Sport frei!

Sport trieben wir alle auf irgendeine Art. Entweder tobten wir stundenlang bei jedem Wetter draußen rum oder wir schlossen uns einem Sportklub an. Hier konnten wir nach Herzenslust ein- oder zweimal in der Woche trainieren. Waren wir begabt und ehrgeizig, wurden wir ganz schnell in einen „besseren" Sportverein delegiert.

Die Sichtung von erfolgreichen Nachwuchssportlern war nahezu perfekt organisiert, sodass die ersten Spartakiaden, die vom 23. bis zum 25. Juli 1965 in allen Bezirken des Landes stattfanden, eine logische Folge waren. Die Besten von uns durften im Februar 1966 nach Oberhof und im Juli 1966 nach Berlin. Die ersten Kinder- und Jugendspartakiaden der DDR im Winter- und im Sommersport fanden hier statt.

Hier wurde nicht gedopt, aber gemogelt.

Endlich Ferien

Wenn es wirklich in den 50er-Jahren in den Urlaub ging, dann meist mit Bus und Bahn. FDGB-Ferienplätze waren beliebt, knapp und preiswert und führten oft nach Thüringen oder in den Harz. Eine Woche war da schon manchmal unter 20 Mark zu bekommen. Die Ostsee war für alle, auch für die zahlreichen Privatreisenden, wie ein Sechser im Lotto. Obwohl die Interflug 1956 gegründet wurde, nutzte man sie nicht sofort

Ein schöner Tag im
Schwimmbad geht zu
Ende.

Herrliche Ferien mit dem Wanderzweier
von der Firma Pouch, die seit 1953
exzellente Faltboote herstellte.

zum Personenverkehr, sondern ließ sie Güter transportieren. Passagiere flogen
weiterhin mit der Deutschen Lufthansa (Ost). Eine IL-18 war das erste Flug-
zeug der Interflug, das am 28. März 1958 in Berlin-Schönefeld landete.

Mit dem Sport oder mit den Arbeitsgemeinschaften verreisten wir öfter. Das
war für ein paar Tage eine tolle Abwechslung. Überhaupt verreisten wir 53er
gerne mal. Die Ferien waren lang und die Eltern hatten oft nur 12 bis 14 Tage
Urlaub, da musste man sich was einfallen lassen. Zuerst ging es in den acht
Wochen Sommerferien oder in den drei Wochen Winterferien mit den Eltern auf
Reisen. Thüringen, Harz, Elbsandsteingebirge, Ostsee. Das Ausland war die
absolute Ausnahme. Man fuhr mit dem Zug, dem Bus, dem Trabi oder Wart-
burg ins FDGB-Ferienheim, zum Zelten oder zur Oma. War diese gemeinsame
Zeit um, fuhr man allein zur Verwandtschaft aufs Dorf oder in die Stadt oder ins
Betriebsferienlager der Eltern.

Die Betriebsferienlager waren oft in den schönsten Gegenden der DDR
errichtet worden und kosteten pro Tag ca. nur eine Mark. In diesem Preis
waren die Anreise, die Verpflegung und diverse Unternehmungen bereits drin.
Wir erlebten 14 unvergessliche Tage mit Sport und Spiel, mit Lagerfeuer,
Nachtwanderung und der ersten zarten Liebe.

Wer von uns das blaue Halstuch mit der nötigen Sorgfalt und dem nötigen
Ernst trug, wer von uns Gruppenratsvorsitzender oder gar Freundschaftsrats-
mitglied war, ja, der konnte in eines der zahlreichen Pionierlager fahren, die
zwar kein Vier-Sterne-Niveau hatten, aber voll unseren damaligen Ansprüchen
genügten. Es ging alles sehr geordnet und ziemlich politisch zu.

Außerdem konnten wir die Ferienspiele in der Schule besuchen. Für eine
Mark pro Woche waren wir den ganzen Tag beschäftigt. Wir gingen in den Zoo
oder ins Kino, wir wanderten oder bastelten, wir gingen baden oder ins
Museum. Dass uns dabei die Lehrer und Hortner beaufsichtigten, hat uns
eigentlich nicht gestört. Im Gegenteil, mancher Lehrer wurde während der
Ferien richtig sympathisch.

Jetzt wird's spannend

Das große Ereignis

So, nun war es also so weit, wir sollten erwachsen werden. Die Vorbereitungen dazu liefen auf Hochtouren. Bei uns sah das so aus: Pickel, fettige Haare, große Klappe und ein Hormonhaushalt, der mit uns machte, was er wollte. Bei unseren Eltern dagegen sah es folgendermaßen aus: Restaurantplätze für das Mittagessen bestellen, Pfirsiche einwecken für die Obsttorten, Schinken- und Salamiplatten beim Fleischer für das Abendessen bestellen. Kontakte zu Traudel auffrischen, da die in der Jugendmode arbeitete. Onkel Franz in Hamburg bitten, ausreichend Kaffee und Ananasdosen zu schicken, vielleicht auch ein bisschen Spargel.

Ja, so eine Jugendweihe war ein aufregendes Ereignis. Die Eltern wollten sich nicht „lumpen lassen" vor der restlichen Verwandtschaft. Und wir konnten ausnahmsweise ruhig mal vor den Klassenkameraden angeben, was bei uns

Chronik

6. Juli 1967
94 Todesopfer fordert ein Zugunglück in Langenweddingen bei Magdeburg. Die meisten davon sind Kinder, die auf dem Weg ins Ferienlager waren.

8. Oktober 1967
Der Startschuss zur „Lauf-Dich-gesund-Bewegung" fällt in Zwickau.

1. Dezember 1967
Das Geld der DDR heißt jetzt „Mark der Deutschen Demokratischen Republik".

6.–18. Februar 1968
Bei den olympischen Winterspielen in Grenoble gingen erstmals zwei deutsche Mannschaften an den Start.

30. Mai 1968
Sprengung der völlig intakten Pauliner-kirche auf dem Leipziger Augustusplatz.

22.–29. September 1968
Der fünfteilige Fernsehfilm „Wege übers Land" mit Armin Mueller-Stahl wird zum Straßenfeger.

8. Mai 1969
Kambodscha nimmt als erstes nichtkommu-nistisches Land volle diplomatische Beziehungen zur DDR auf.

1. Januar 1970
Einführung der einheitlichen Personenkenn-zahlen in der DDR

15.–21. Februar 1970
1. Festival des politischen Liedes in Berlin.

1. Oktober 1970
Das Kindergeld für das dritte Kind wird von 20 auf 50 Mark erhöht.

3. Mai 1971
Auf der 16. ZK-Tagung der SED muss Walter Ulbricht als Erster Sekretär der SED zurücktreten. Erich Honecker wird zum Nachfolger gewählt.

1. Juli 1971
Briefe und Telefonate aus der DDR nach Westberlin und in die BRD werden um ein Vielfaches teurer.

17. Dezember 1971
Abkommen über den Transitverkehr.

an diesem Tag alles so aufgefahren wurde. Wenn beide Eltern arbeiteten oder Oma und Opa sehr spendabel waren, gab es einen umfassenden Einkauf im Delikatladen, später auch „Freß- Ex" genannt. Seit 1966 bestan-den diese Geschäfte, die zu völlig überhöhten Preisen Schnäpse, Süßwa-ren, Konserven u. Ä. aus dem Westen anboten, um damit die Kaufkraft der Bevölkerung abzuschöpfen.

Weißes Hemd und schwarzer Anzug, Schlips und Manschettenknöpfe – man war ja schon so erwachsen zur Jugendweihe bzw. zur Konfirmation.

Wie geschrumpfte Erwachsene

Die Kleidung und bei den Mädchen außerdem die Frisur sorgten für man-ches Kopfzerbrechen und für manchen Familienkrach. „Ich ziehe nicht so einen blöden Anzug an!" – „Warum nähst du

mir denn nicht diesen kurzen engen Rock, sondern so ein langweiliges Kleid?" – „Diese frische Dauerwelle, die juckt ja wie verrückt auf dem Kopf." Sätze, die mindestens bei jedem Zweiten von uns mal mehr, mal weniger laut durch die Wohnung hallten. Aber war der große Tag da, waren wir alle ganz stolz auf unser Spiegelbild, auch wenn wir oft wie geschrumpfte Erwachsene aussahen.

Die sozialistische Variante des Erwachsenwerdens unterschied sich gar nicht so sehr von der Konfirmation, die viele unseres Jahrgangs begingen. Die, welche sich zwischen Karriere und Glauben nicht so recht entscheiden konnten, feierten einfach beides. Das bedeutete zwar zweimal Stress, aber auch zweimal Geschenke.

Und Geschenke hieß, dass man richtig was „abfasste". Klar, die weiblichen 53er unter uns waren da schlechter dran, denn für die hieß es meistens: Die Aussteuer wird wieder erweitert! Sie konnten einem leidtun, wenn sie sich für die blütenweiße Bettwäsche oder für sechs große Frottierhandtücher, fein säuberlich mit dem Monogramm bestickt, bedanken durften.

Harte Konkurrenz

Wir Jungs hatten es da wahrlich besser. Es konnte schon mal ein Kofferradio, auch liebevoll „Heule" genannt, oder ein Tonbandgerät sein. Ebenso wurde Geld für ein Fahrrad oder gar ein Moped gern genommen. Das kauften wir uns aber mit den Eltern zusammen lieber selbst, denn schon beim Fahrrad konnten die gröbsten Schnitzer passieren. Es gab zwar nur zwei bedeutende Marken in der DDR, aber die standen in hartem Konkurrenzkampf bei uns.

„Wer Mifa fährt, ist Dresche wert" und „Wer Diamant lenkt, wird aufgehängt" waren die beiden einfallsreichsten Sprüche unter uns Pedalrittern. Die Mifa-Räder waren recht robuste, aber schwere Tourenfahrräder, die in Sangerhausen gefertigt wurden und durchschnittlich 285 Mark kosteten. Mifa war übrigens die Abkürzung für Mitteldeutsche Fahrradwerke.

Im VEB „Elite Diamant" Karl-Marx-Stadt wurden die qualitativ etwas hochwertigeren, aber teureren Diamant-Sporträder gefertigt, die besonders bei jungen Muttis beliebt waren, hatten sie doch einen Kindersitz, der an der Lenkstange angebracht war. Aber zurück zu uns. Besaßen wir endlich so ein chromblitzendes Teil, wurde daran natürlich geputzt und gewienert, was das Zeug hielt. Die Tube „Elsterglanz" fehlte ständig im elterlichen Haushalt. Aber wir waren erfinderisch. Wir klemmten beispielsweise Bierdeckel an den Schutzblechen fest, damit es beim Fahren schön klappert, oder wir zogen bunte Pfeifenreiniger um die Speichen.

Etwas besser

Es kam uns so vor, als ginge es unseren Eltern materiell nach und nach etwas besser. Die Einführung des „Neuen Ökonomischen Systems" durch Walter Ulbricht sorgte in den 60er-Jahren für einen beachtlichen Aufschwung. Die wöchentliche Arbeitszeit sank von 45 auf 43,5 Stunden und der Mindesturlaub stieg auf 15 Tage. Ab dem 9. April 1966 war jeden zweiten Samstag arbeitsfrei und ab 1967 wurde generell die 5-Tage-Woche eingeführt. Dafür fielen der Ostermontag, der Buß- und Bettag und Himmelfahrt als Feiertage weg. Aber

15. bis 18. Lebensjahr

auch der 8. Mai, Tag der Befreiung vom Hitlerfaschismus, wurde gestrichen – ein Zugeständnis an die Kirche in diesem Land. Die Mindestlöhne stiegen 1967 recht beachtlich – von 220 auf 300 Mark der DDR, wie unsere Währung seit diesem Jahr hieß, und die Mindestrenten kurz darauf auf 150 Mark. Ende der 60er-Jahre besaß jeder siebte Haushalt ein Auto und die Ausstattung mit Fernsehern, Kühlschränken und Waschmaschinen verbesserte sich schnell.

Ach ja, die Mädchen

Erste Annäherungen auf der Tanzfläche.

Es war noch längst nicht selbstverständlich, dass Jungs und Mädchen die Freizeit zusammen verbrachten – nein, das ging wirklich nicht oder nur in Ausnahmefällen, wenn man es musste oder es wollte. Ach, eigentlich war das Verlangen nach dem anderen Geschlecht ja doch schon erwacht. Man schrieb sich Briefchen im Unterricht, man ließ während der Hofpause seine Blicke zu der Angebeteten schweifen, man holperte ein paar Sätze runter, wenn man direkt vor ihr stand, oder man wagte sogar den kleinen Versuch, sie zu küssen. Das machte sich im Dunkeln natürlich am besten und da kam die sonst nicht besonders geliebte Tanzstunde ins Spiel.

Eins, zwei, drei – eins, zwei, drei

Tanzstunde gehörte einfach dazu. Punkt. Aus. Schluss. Da ließen sich die Eltern auf keine Diskussionen ein. War man mit ein paar Freunden zusammen und kannte man ein paar Mädchen, war die Sache nur halb so schlimm. Sah man die „Bräute" aber dort zum ersten Mal, war es wirklich manchmal besser, wenn keine Kumpels dabei waren. Ordentlicher Anzug, geputzte Schuhe, ein

Beim Tanzstundenabschlussball sahen wir alle furchtbar alt aus.

sauberes Taschentuch und ein ebensolcher Kamm, gereinigte Fingernägel, mein Gott, auf was man alles achten musste. Und dann der Schlips, der einem kaum Luft zum Atmen ließ. Und gerade diese brauchte man, wenn man über die Tanzfläche sprintete, um sich die attraktivste Partnerin zu angeln. Vom Tanzen ganz zu schweigen.

Eins, zwei, drei, eins, zwei, drei – hört denn das nie auf? Man kam sich vor wie ein Tanzbär. Aber, wer hatte das gedacht, je näher der Mittelball bzw. der Abschlussball kam, desto leichtfüßiger bewegten wir uns im Takt. Nun noch mal volle Konzentration, Blumen besorgen, die Partnerin zu Hause abholen und alles ordentlich durchtanzen, dann war auch dieses Kapitel erledigt. Ab sofort hatte man wieder einen ungetrübten Blick auf die wahren Dinge des Lebens, die da hießen: Amateurfunker bei der GST werden, in der Station „Junger Techniker" einen Detektor bauen, also das erste eigene Radio, oder den Führerschein für das Moped oder das Motorrad ablegen.

„Ich habe nichts zum …"

Die Mädels hatten ganz andere Probleme und den epocheübergreifenden Satz auf Lager: „Ich habe nichts zum Anziehen!" Komisch, wenn wir eine Nieten-hose und drei Nickis im Schrank hatten, reichte uns das völlig. Das andere Geschlecht aber wälzte Modezeitschriften aus Ost und West, jauchzte bei jedem weiblichen Star in Dieter Thomas Hecks „Hitparade" auf und wollte

15. bis 18. Lebensjahr

Die Lehrer kamen mit zur Kartoffelernte.

genau diese Sachen haben und zwar sofort. Sie bettelten die Omas an, bei ihrem Westbesuch unbedingt diesen Stoff oder diese Wolle mitzubringen und terrorisierten ihre Mütter förmlich, die Strick- und die Nähnadel zu schwingen. Zwar entstanden seit 1969 Stück für Stück die Jugendmodeläden im Land, aber das Angebot deckte bei Weitem nicht die Nachfrage und traf auch nicht immer den Geschmack.

Ähnlich verhielt es sich mit der Kosmetik. Welche Begeisterung brach aus, wenn das heiß ersehnte und wunderbar duftende Westpaket (natürlich von der ganzen Familie) ausgepackt und ein Deospray und ein Stück Seife in knalligen Farben ausgegraben wurde. Die Nivea-Creme, Tosca und Kölnisch Wasser war ja eher was für die „Alten", aber vielleicht konnte man den rosa Nagellack abstauben? Und die Strumpfhosen natürlich. Bei der Schokolade und den Kaugummis waren wir Jungs mal wieder dran, aber auch die „Nato-Planen", meist in Dunkelblau, weckten unser Interesse.

Ein schweißtreibendes Geschenk der Textilindustrie zum 20. Jahrestag der DDR 1969 war „Präsent 20". Es gab wohl keinen Mann, vom Arbeiter bis zum Betriebsdirektor, der nicht mindestens einen solchen Anzug im Schrank hatte. Kostüme, Kleider, Röcke und Blusenröcke wurden aus diesem hundertprozentigen Polyestergewebe hergestellt. Das Verfahren des Großrundstrickens besaß Weltniveau und die Eigenschaften dieses Gewirks – waschmaschinenfest, bügel- und knitterfrei, elastisch. Zwei Nachteile besaß diese viel umjubelte Neuerung: Zum einen durfte man nirgends auch nur ein ganz klein wenig hängen bleiben, dann zog es ganz furchtbare Fäden. Und zum anderen wirkte dieses reine Plaste-Gewebe wie ein Ganzkörperkondom. Nirgends kam Luft an den Körper, und ab 20 Grad trug man seine kleine Privatsauna mit sich herum. Trotzdem waren die nicht ganz billigen Kleidungsstücke, die meist in Braun, Dunkelblau, Weinrot, Dunkelgrün und Schwarz hergestellt wurden, unheimlich beliebt.

Musik als Droge

Unser hauptsächliches Interesse aber lag auf ganz anderen Dingen. Da war zum einen die Musik, unsere damalige Droge schlechthin. Radio Luxemburg, Soldatensender, DT 64, wir hörten die Hitparaden hoch und runter. Kein Beat-Club wurde am Samstagnachmittag versäumt – wir kannten sie alle, die Stars und ihre Hits. Und es war eine Glaubensfrage, ob man Beatles-, Stones- oder Bee Gees-Fan war. Bei den anderen Gruppen konnte man sich eher einigen. Ebenso bei den sich ständig entwickelnden Ost-Bands, die man sogar live erleben konnte. Die Stars im Fernsehen, im Radio, als Poster an die Wand gepinnt oder in der „Bravo" – aus zehnter Hand natürlich – gesehen: Das war unsere Welt.

Und dazu gehörten richtig lange Haare („Wie du wieder rumläufst, du siehst ja aus wie ein Gammler!" – Na, erinnert ihr euch?), enge Hosen mit weitem Schlag, Blümchenhemden mit langen Ecken, kurze Röcke, breite Gürtel, enge Pullover mit Rollkragen, Parkas und Jeans, Tramper und Jesuslatschen. Wir hatten damit kein Problem, unsere Eltern und Lehrer schon. Es wurde heiß diskutiert, nicht immer sachlich, aber mit vollem Herzen. Die Erwachsenen verhängten Bestrafungen, die auf der Skala von lächerlich bis zukunftszerstörend alles hergaben. So wurden manchem von uns heimlich im Schlaf die herrlich langen Locken abgeschnitten und andere flogen sogar wegen des Tragens von Westjeans von der Schule.

Auch Lehrlinge brauchen mal 'ne „15".

Produktion, wir kommen

Überhaupt die Schule. Sie war der Mittelpunkt unseres Tuns. Und es gab ja auch Fächer, die wirklich interessant waren bzw. unseren praktischen Verstand anregten. Dazu zählten zum Beispiel UTP (Unterrichtstag in der Produktion), ESP (Einführung in die sozialistische Produktion), PA (Praktische Arbeit) und TZ (Technisches Zeichnen). Nein, wir wollen an dieser Stelle nicht über gelegentlichen Stumpfsinn sprechen, aber es hat doch keinem von uns

15. bis 18. Lebensjahr

geschadet, mal Rasenkanten aus Beton zu gießen oder Gewinde zu schneiden, und alles in einem richtigen Betrieb. Das Verständnis für eine technische Zeichnung ist uns später beim Zusammenbau sämtlicher Möbel eindeutig zugutegekommen.

Allmählich ging die Schule für viele von uns zu Ende. Wir legten die schriftlichen und mündlichen Prüfungen für die zehnklassige polytechnische Oberschule ab und bewarben uns im laufenden Schuljahr für eine Lehrstelle. Wieder waren die Beziehungen unserer Eltern gefragt oder ein Quäntchen Glück, um eventuell sogar den Traumberuf zu ergreifen. Zwei Jahre stand der permanente Wechsel zwischen Berufsschule und Ausbildungsbetrieb an, bis wir endlich den Facharbeiterbrief in den Händen hielten. Manche gingen bereits zeitiger von der Schule ab, um nach drei Jahren ihren Berufsabschluss zu erhalten.

Ein heißer Sommer

Panzer in Prag oder Stupsi und Kai an der Ostsee – was war für uns wichtiger? Wir waren 14 bzw. 15 Jahre alt, als in der Nacht vom 21. zum 22. August der Einmarsch der Truppen des Warschauer Vertrages in die CSSR erfolgte. Die Umgestaltungsversuche sollten militärisch niedergeschlagen werden, was leider auch gelang. Wir waren zwar politisch interessierte Schüler, hörten Nachrichten, sahen die besorgten Gesichter unserer Eltern und verfolgten ihre hitzigen Diskussionen mit Freunden, aber die ganze Tragweite dieses Ereignisses war uns nicht bewusst. Wir widmeten uns lieber wieder den Dingen, die wir besser

Sowjetische Soldaten in Prag, 1968.

verstanden, wie zum Beispiel dem Kino. So war ebenfalls am 21. August Premiere für einen der erfolgreichsten DEFA-Streifen, für „Heißer Sommer" mit Chris Doerk und Frank Schöbel. Das war für uns greifbar, die tolle Musik, das herrliche Wetter, die spritzigen Dialoge, die herzerweichenden Liebesgeschichten.

Rückzug ins Private

Die besonders Schlauen unter uns verließen ihre vertraute Umgebung nach der achten Klasse und besuchten die Erweiterte Oberschule (EOS), um in der 12. Klasse ihr Abitur zu machen. Und andere, deren Eltern zum Beispiel selbstständige Handwerker waren oder kirchlich stark engagiert, erwarben ihre Hochschulreife durch eine dreijährige Facharbeiterausbildung mit Abitur. Aber ganz gleich, wie wir uns schulisch entwickelten, die Freizeit verbrachten wir oft gemeinsam in der alten Clique. Wir gingen tanzen, wir zelteten, wir trampten, wir feierten. Das hatten wir von unseren Eltern gelernt: Staat und Beruf ist das eine, der Rückzug ins Private das andere. Nichts ging über eine herrliche Gartenparty, selbst wenn sämtliche Arbeitskollegen dabei waren.

Willy kam ans Fenster

Es ging rum wie ein Lauffeuer. Willy Brandt kommt in die DDR. Am 19. März 1970 trifft er mit dem Zug in Erfurt ein und wird von dem Ministerratsvorsitzenden der DDR, Willi Stoph, sehr zurückhaltend begrüßt. Tausende stehen bereits an Brandts Hotel „Erfurter Hof" und rufen immer wieder „Willy, Willy" und „Willy, komm ans Fenster". Allen war klar, dass damit nicht Stoph gemeint war. Die Polizei wollte eingreifen, als der Kanzler sich am Fenster zeigte.

Später erinnert sich Willy Brandt mit folgenden Worten daran: „So mahnte ich durch eine Bewegung meiner Hände zur Zurückhaltung. Man hat mich verstanden. Die Menge wurde stumm. Ich wandte mich schweren Herzens ab. Mancher meiner Mitarbeiter hatte Tränen in den Augen." Auch das Gespräch der beiden Herren zwei Monate später in Kassel konnte die Eiszeit zwischen beiden deutschen Staaten nicht auftauen.

Willy Brandt und Willi Stoph trafen sich 1970 in Erfurt.

15. bis 18. Lebensjahr

Ausgestattet mit Brottasche und anderen wichtigen Dingen nahmen wir am letzten Schultag Aufstellung.

Letzter Schultag

Und für die, die die EOS besucht hatten, kam er nun endlich, der letzte Schultag. Welchen Blödsinn konnte man nur anstellen? Diese Frage stellten wir uns damals und sie ist bis heute aktuell. Zuerst wurde eine Kleiderordnung nach dem Motto „Erster Schultag" herausgegeben. Das war gar nicht so einfach umzusetzen. Schließlich nahm das Schicksal seinen Lauf und die Lehrer mussten so allerhand über sich ergehen lassen. Besonders beliebt war die Aktion „Umparken der Autos". Da Trabi, Skoda und Wartburg relativ leichte Autos waren, konnte man sie locker irgendwo hintragen, wo sie kein Lehrer mehr wegfahren konnte. Erst gegen einen kleinen Obolus waren wir bereit, die fahrbaren Untersätze in eine andere, bessere Ausgangslage zu transportieren.

Was uns 18 Jahre lang begleitete.

Wir feierten am FKK-Weihnachten.

Hoch lebe das Feiern

Das Trinken von Goldbrand (14,50 Mark), Pfeffi (5,55 Mark!) und Gotano (6,80) und das Rauchen von Casino (2 Mark), Karo (1,60), Cabinet (3,20), f6 (3,20) und Alter Juwel (2,50) geschah anfangs heimlich, wurde mit den Jahren aber immer salonfähiger. Wir sorgten mit dafür, dass die DDR Weltniveau besaß, zumindest, was den Verbrauch an alkoholischen Getränken betraf. Aber wir hatten von unseren Eltern gelernt: Dienst ist Dienst und Schnaps ist Schnaps! Egal, wie lange und wie ausgiebig wir gefeiert hatten, am nächsten Tag waren wir, von klitzekleinen Ausnahmen abgesehen, in der Schule oder im Betrieb anzutreffen.

Was taten wir noch, bis wir 18 wurden? Wir verliebten und wir entliebten uns, wir verliebten uns neu und wir heirateten sehr schnell. Oft wegen der großen Gefühle, aber auch sehr oft wegen einer Wohnung. Mit dem 18. Geburtstag wurde das Aufgebot bestellt und die Anmeldungen für ein Auto und die Fahrerlaubnis abgegeben. Das war eben so und da hat sich keiner weiter dran gestört. Wir 1953 Geborenen haben also eine ganz normale DDR-Jugend hinter uns, die, wenn wir ehrlich sind, keiner missen möchte. Wir hatten

Freunde, wir hatten Spaß, wir hatten Kummer und – wir hatten manche Dinge nicht. Doch gerade dieser Verzicht war rückblickend für manchen ein Gewinn.

Urlaub am Wasser war herrlich – da hatten selbst wir noch großen Spaß beim Neptunfest.

 15. bis 18. Lebensjahr